ACTO DE INVESTIDURA DEL GRADO DE DOCTOR HONORIS CAUSA

SHOSHANA GROSSBARD

Universidad de Zaragoza, 12 de junio de 2025

Prensas de la Universidad de Zaragoza
    Edificio de Ciencias Geológicas
    c/ Pedro Cerbuna, 12 • 50009 Zaragoza, España
    Tel.: 976 761 330
    puz@unizar.es   http://puz.unizar.es

Impreso en España
Imprime: Servicio de Publicaciones. Universidad de Zaragoza
ISBN 979-13-87705-49-7
Depósito legal: Z 883-2025

ÍNDICE

LAUDATIO
CEREMONIA DE INVESTIDURA
COMO DOCTORA *HONORIS CAUSA*
DE D.ª SHOSHANA GROSSBARD

**Prestigio excepcional y portadora de valores
éticos y sociales universales**

Shoshana Grossbard es profesora emérita de Economía en San Diego State University (SDSU) tras haber estado en activo en dicha universidad como *Professor* desde 1981. Fue estudiante de doctorado de los premios nobel de Economía Gary Becker y James Heckman en la Universidad de Chicago, siendo pionera en los fundamentos económicos y sociológicos de la Economía de la Familia y de la Población, que analiza todas las decisiones económicas, sociológicas y jurídicas que tienen lugar dentro de la familia y en relación con el entorno socioeconómico y jurídico.

Actualmente, es miembro del Center for Health Economics & Policy Studies de la Universidad de San Diego, así como de la Family Inequality Network de la Universidad de Chicago, y ha sido miembro del Centre for Advanced Studies in Behavioural Science de la Universidad de Stanford. Además, es *Research Fellow* en distintos institutos de investigación (Institute of Labor Economics, IZA, Bonn; Global Labor Organization, GLO, Maastricht; CESifo Research Network, Múnich).

Ha sido fundadora de dos entidades altamente multi-disciplinares relacionadas con los aspectos de las Ciencias Económicas, Sociales y Jurídicas de la Familia y de la Población: el *journal Review of Economics of the Household (REHO),* creado en 2001 (sigue siendo su editora jefa), y la Society of Economics of the Household (SEHO). El *journal REHO* es actualmente Q1 en JCR SSCI y la SEHO celebró en 2024 la octava edición de su congreso mundial en Singapur. Es miembro del *Editorial Board* del *Journal of Consumer Policy* y durante más de tres décadas lo ha sido de la Society for the Advancement of Behavioral Economics, de ámbito mundial.

Su vocación universal se pone claramente de manifiesto en el elevado número de *Keynote Addresses* que la profesora Grossbard ha impartido, siendo la última la correspondiente a nuestro II Congreso IEDIS (Universidad de Zaragoza). Otras intervenciones dentro de esta categoría han tenido lugar, en orden cronológico inverso, en la Universidad de Bruselas (Bélgica), en la Universidad de Houston (Estados Unidos), en la Universidad de Manitoba (Canadá), en la Universidad de Queensland (Australia), en la Universidad de Melbourne (Australia), en la Universidad de Chicago (Estados Unidos), en la Universidad Católica de Milán (Italia) o en la Fundación Rafael del Pino (España). Además, ha sido profesora visitante en la Universidad de Griffith (Australia), en la Universidad de Lisboa (Portugal), en la Universidad de Osaka (Japón), en el Instituto Nacional de Estudios Demográficos (París, Francia), en la Universidad de Zaragoza (España), en la Universidad París I-Sorbona (Francia), en la Universidad de Princeton (Estados Unidos), en la Universidad de Columbia (Estados Unidos), en la Universidad París II-Pantheon (Francia) y en la Universidad de California (Estados Unidos).

La profesora Grossbard siempre se ha distinguido por sus cualidades universales sociales y éticas en el desarrollo de su actividad académica. El premio nobel de Economía James Heckman dijo de ella que era «mundialmente conocida por sus trabajos sobre la economía de la familia y de la población», mientras que otros reputados académicos americanos (Jacob Mincer) la consideran «la principal economista actualmente dedicada a la investigación sobre los aspectos socioeconómicos del matrimonio y de la familia».

La candidata ha recibido premios de la Population Association of America, del Center for Advanced Study in the Behavioral Sciences y de la Alfred P. Sloan Foundation. Son especialmente relevantes sus participaciones en actividades de *mentoring* en el *DITE Program for Minorities* (Universidad de Duke, Estados Unidos) y en *CeMENT Program for Women* (American Economic Association).

Por otra parte, hay que destacar su impacto social mediático y divulgativo en todo el mundo, con apariciones regulares en televisión, radio y medios escritos americanos y europeos. Recientemente viene desarrollando una intensa labor en redes sociales, con más de 7000 seguidores en Twitter, habiendo sido reconocida en 2016 como uno de los diez economistas más seguidos en Twitter. Todo ello la convierte en una excepcional divulgadora de los aspectos socioeconómicos, además de otros jurídicos y humanísticos, sobre el comportamiento de las familias y de la población a nivel mundial.

Vinculación de la candidata con la Universidad de Zaragoza

La profesora Shoshana Grossbard ha tenido una muy variada y relevante vinculación con la Universidad de Zaragoza desde la edición del primer volumen del *journal*

Review of Economics of the Household en 2001, en términos de visitas a nuestra universidad, impartición de docencia a alumnos de doctorado, participación en tribunal de tesis doctoral, actividades editoriales conjuntas, coautoría de investigación, conferencia inaugural en el congreso IEDIS 2023 o apariciones en los medios regionales de difusión.

Los permanentes contactos por correo electrónico y vídeo que mantuvieron los profesores Grossbard y Molina en los primeros años 2000 fueron tomando forma para organizar al final de la primera década del siglo tres visitas regulares de la profesora Grossbard a la Universidad de Zaragoza en los cursos académicos 2010-11, 2011-12 y 2012-13 para impartir el seminario *Economics of Home Production* y otras clases a los aproximadamente cuarenta alumnos del Programa de Doctorado en Economía de la Universidad de Zaragoza. Es obligado indicar que estas visitas fueron financiadas por un programa de visitantes extranjeros ilustres del Ministerio de Ciencia e Innovación.

Precisamente en el curso 2010-11, la profesora Grossbard fue la presidenta del tribunal de la tesis doctoral que, dirigida por el profesor Molina, defendió José Ignacio Giménez Nadal, con sobresaliente *cum laude* y mención internacional.

Como consecuencia de los crecientes contactos desde entonces, Grossbard y diferentes profesores de la Universidad de Zaragoza han colaborado en actividades editoriales y coautoría. Respecto a las primeras, el profesor Molina es editor asociado desde 2010 de *Review of Economic of the Household,* mientras que el profesor Giménez es editor desde 2017, siendo ambos los únicos editores españoles. Adicionalmente, el profesor Molina ha sido *Guest Editor* de dos volúmenes especiales: *Altruism in the House-*

hold: In-kind Transfers in the Context of Skin Selection, en 2013, y *Altruism and Monetary Transfers in the Household,* en 2014. En esta línea de colaboraciones editoriales, la profesora Grossbard participó con el capítulo «Independent Individual Decision-Makers in Household Models and the New Home Economics» en el libro *Household Economic Behaviours,* que Molina editó en 2011. Asimismo, Giménez, Grossbard y Molina publicaron en 2014 el artículo «Racial intermarriage and household production» en *Review of Behavioral Economics.*

La vinculación de la profesora Grossbard con la Universidad de Zaragoza ha continuado de forma fructífera en años recientes a través de las presentaciones anuales de diversos profesores de nuestra universidad en los congresos de la Society of Economics of the Household, que han tenido lugar en diversas capitales y países del mundo (San Diego, París, Boston, Londres, Copenhague o Singapur, entre otras). Fruto de esta sintonía académica fue la decisión de la profesora Grossbard de que la edición 2025 del congreso tuviera lugar en la Universidad de Zaragoza.

Otra muestra muy significativa de la vinculación de la profesora Grossbard con la Universidad de Zaragoza es que el año 2023 pronunció la conferencia inaugural multidisciplinar del II Congreso del Instituto Universitario de Investigación en Empleo, Sociedad Digital y Sostenibilidad (IEDIS) con el título «Decision-making in Familes: Economics and other Social Sciences». Como consecuencia de la participación de la profesora Grossbard en nuestro congreso, se han iniciado diversas colaboraciones con profesores de sociología, derecho y humanidades vinculados al IEDIS.

En este contexto, fruto de la estrecha colaboración, el profesor Molina ha realizado recientemente una estancia de investigación de tres semanas en la San Diego State

University, en la que ha desarrollado con la profesora Grossbard diferentes ideas sobre próximas colaboraciones con ella de miembros del IEDIS.

Finalmente, también es destacable que los medios de comunicación locales han recogido la presencia de la profesora Grossbard en la Universidad de Zaragoza. En particular, *Heraldo de Aragón* dedicó en 2012 la contraportada del 3 de febrero a la economista con el título «La gente espera demasiado de los Gobiernos» y, más recientemente, el 11 de junio de 2023, el mismo diario dedicó su página central del suplemento de Economía a la profesora Grossbard con el título «La gente debería estudiar más cómo gestionar sus finanzas».

José Alberto MOLINA CHUECA
Carmen María ELBOJ SASO

LAUDATIO
INVESTITURE CEREMONY
FOR SHOSHANA GROSSBARD
AS DOCTOR HONORIS CAUSA

Exceptional prestige and bearer of universal ethical and social values

Professor Shoshana Grossbard is Professor Emeritus of Economics at San Diego State University (SDSU), having served as a professor there since 1981. Professor Grossbard was a doctoral student of Nobel Laureates in Economics Gary Becker and James Heckman at the University of Chicago, pioneering the economic and sociological foundations of Family and Population Economics, which analyzes all the economic, sociological, and legal decisions that take place within the family and in relation to the socioeconomic and legal environment.

She is currently a member of the Center for Health Economics & Policy Studies at the University of San Diego, as well as the Family Inequality Network at the University of Chicago, and has also been a member of the Center for Advanced Studies in Behavioral Science at Stanford University. Professor Grossbard is a Research Fellow at various research institutes (Institute of Labor Economics – IZA, Bonn; Global Labor Organization – GLO, Maastricht; CESifo Research Network, Munich).

Professor Grossbard founded two highly multidisciplinary entities related to the economic, social, and legal aspects of family and population sciences: the journal *Review of Economics of the Household* (*REHO*), founded in 2001 (she remains its editor-in-chief), and the Society of Economics of the Household (SEHO). The journal *REHO* is currently Q1 in JCR SSCI, and SEHO will hold its 8th world congress in Singapore this year. She is a member of the Editorial Board of the *Journal of Consumer Policy* and has been a member of the global Society for the Advancement of Behavioral Economics for over three decades.

Her universal appeal is clearly evident in the large number of keynote addresses Professor Grossbard has given, the most recent being at our 2nd IEDIS Conference (University of Zaragoza). Other keynote addresses in this category have taken place, in reverse chronological order, at the University of Brussels (Belgium), the University of Houston (United States), the University of Manitoba (Canada), the University of Queensland (Australia), the University of Melbourne (Australia), the University of Chicago (United States), the Catholic University of Milan (Italy), and the Rafael del Pino Foundation (Spain). She has also been a visiting professor at Griffith University (Australia), the University of Lisbon (Portugal), Osaka University (Japan), the National Institute of Demographic Studies (Paris, France), the University of Zaragoza (Spain), the University of Paris I – Sorbonne (France), the University of Princeton (United States), Columbia University (United States), the University of Paris II – Pantheon (France) and the University of California (United States).

Likewise, Professor Grossbard has always distinguished herself for her universal social and ethical qualities in the development of her academic work. Nobel Prize winner in Economics James Heckman wrote that Professor Grossbard is "world-renowned for her work on the economics of the family and population," while other renowned American scholars (Jacob Mincer) consider her "the leading economist currently dedicated to research on the socioeconomic aspects of marriage and the family."

The candidate has received awards from the Population Association of America, the Center for Advanced Study in the Behavioral Sciences, and the Alfred P. Sloan Foundation. Particularly notable are her participation in mentoring activities at the DITE Program for Minorities (Duke University, United States) and the CeMENT Program for Women (American Economic Association).

Finally, her social impact in the media and outreach worldwide is also notable, with regular appearances on American and European television, radio, and print media. Furthermore, she has recently been actively involved in social media, with more than 7,000 followers on Twitter, and was recognized in 2016 as one of the 10 most followed economists on Twitter. All of this makes her an exceptional disseminator of socioeconomic, as well as legal and humanistic, aspects of family and population behavior worldwide.

The candidate's affiliation with the University of Zaragoza

Professor Shoshana Grossbard has had a very varied and relevant affiliation with the University of Zaragoza since publishing the first volume of the journal *Review of Economics of the Household* in 2001. This has included visits to our University, teaching doctoral students, participating in doctoral dissertation committees, joint editorial activities, co-authoring research, giving keynote addresses at the IEDIS 2023 conference, and appearances in regional media outlets.

The ongoing email and video contacts maintained by Professors Grossbard and Molina in the early 2000s gradually evolved into three regular visits by Professor Grossbard to the University of Zaragoza during the academic years 2010–11, 2011–12, and 2012–13 to teach the seminar "Economics of Home Production" and other classes to the approximately 40 students in the Doctoral Program in Economics at the University of Zaragoza. It is worth noting that these visits were funded by a distinguished foreign visitor program from the Ministry of Science and Innovation.

Specifically, in the 2010–11 academic year, Professor Grossbard chaired the doctoral thesis committee, supervised by Professor Molina, defended by José Ignacio Giménez Nadal with an Outstanding "Cum Laude" and International Mention.

As a result of the growing contacts since then, Professor Grossbard and various professors from the University of Zaragoza have collaborated on editorial activities and co-authorships. Regarding the former, Professor Molina has been Associate Editor of the *Review of Economics of the Household* since 2010, while Professor Giménez has been Editor since 2017, the only two being Spanish editors. Additionally, Professor Molina has been Guest Editor of two special volumes: "Altruism in the Household: In-kind Transfers in the Context of Skin Selection" in 2013 and "Altruism and Monetary Transfers in the Household" in 2014. In this line of editorial collaborations, Professor Grossbard participated with her chapter "Independent Individual Decision-Makers in Household Models and the New Home Economics" in the book *Household*

Economic Behaviors that Professor Molina edited in 2011. Likewise, Professors Giménez, Grossbard and Molina published in 2014 the article "Racial intermarriage and household production" in the *Review of Behavioral Economics.*

The relationship between Professor Grossbard and the University of Zaragoza has continued fruitfully in recent years through the annual presentations by various professors from our university at the Society of Economics of the Household conferences held in various capitals and countries around the world (San Diego, Paris, Boston, London, Copenhagen, and Singapore, among others). A result of this academic alignment was Professor Grossbard's decision to hold the 2025 edition of the conference at the University of Zaragoza.

Another very significant example of the relationship between Professor Grossbard and the University of Zaragoza is that last year, she gave the opening multidisciplinary lecture at the 2nd Conference of the University Institute for Research on Employment, Digital Society, and Sustainability (IEDIS), entitled "Decision-making in Families: Economics and Other Social Sciences." As a result of Professor Grossbard's participation in our Congress, various collaborations have been initiated with professors of Sociology, Law, and Humanities associated with IEDIS.

In this context, as a result of this close collaboration, Professor Molina recently completed a short three-week research stay at San Diego State University, where he and Professor Grossbard developed various ideas for future collaborations between IEDIS members and the professor.

Finally, it is also noteworthy that local media have reported on Professor Grossbard's presence at the University of Zaragoza. In particular, *Heraldo de Aragón* dedicated its February 3rd back page to the economist in 2012 with the headline "People expect too much from governments," and more recently, on June 11, 2023, *Heraldo* also dedicated its centerfold in the Economics supplement to Professor Shoshana Grossbard with the headline "People should learn more about managing their finances."

José Alberto MOLINA CHUECA
Carmen María ELBOJ SASO

CEREMONIAL

Para la investidura
como doctora *honoris causa*
por la Universidad de Zaragoza
de

D.ª SHOSHANA GROSSBARD

Serán sus padrinos académicos los profesores doctores:
D. José Alberto Molina Chueca
D.ª Carmen María Elboj Saso

Los componentes de la comitiva académica ocupan los lugares reservados a ellos en el estrado (la candidata se habrá quedado fuera del salón Paraninfo). Tras el *Veni Creator,* que se escucha en pie y con la cabeza descubierta, la Rectora dice:

— *Sedete et tegite caput.*

(Sentaos y cubríos)

La Rectora ordena al secretario general la lectura del acuerdo por el que se propone la concesión del Grado honorífico.

— *Lege Studii Generalis Civitatis Caesaraugustanae senatus-consultum.*

(Lee el Acuerdo del Consejo de Gobierno de la Universidad de Zaragoza)

Realizada la lectura, la Rectora ordena a los padrinos:

— *Ite arcessite candidatum.*

(Id a buscar a la candidata)

Los padrinos, precedidos por los maceros, van a buscar a la candidata. Acude esta, destocada, acompañada de sus padrinos, y saluda a la Presidencia con una inclinación de cabeza en el momento en que es nombrada por el secretario general. Repite el saludo al Claustro y se sitúan, en pie, junto a su sitio en el estrado.

Finalizada la presentación, les dice la Rectora:

— *Sedete.*

(Sentaos)

Y, dirigiéndose a los padrinos:

— *Pronuntietur a patronis laus candidatae.*

(Hágase por los padrinos el elogio de la candidata)

El profesor de la Facultad de Economía y Empresa D. José Alberto Molina Chueca ocupará la Cátedra y pronunciará el elogio de la candidata.

Finalizado el elogio, la Rectora dice al Claustro y a los presentes:

— *Levate.*

(Levantaos)

Y pregunta al Claustro:

— *Conceditisne ut Shoshana Grossbard Honoris Causa munia doctoris induatur?*

(¿Estáis de acuerdo con que Shoshana Grossbard sea revestida con los atributos doctorales *honoris causa*?)

El Claustro responde:

— *Concedimus.*

(Lo estamos)

La Rectora dice a la candidata:

— *Auctoritate mihi concessa legibus Regni et Studii Generalis Civitatis Caesaraugustanae, tibi confero Gradum Doctoris Honoris Causa. Patroni insignibus doctoralibus te vestient et eorum significationem explicabunt.*

(Por la autoridad que me otorgan las leyes del Reino y de la Universidad de Zaragoza, te confiero el grado de doctora *honoris causa*. Tus padrinos te investirán con las insignias doctorales y te explicarán su significado)

Y advierte a los presentes:

— *Sedete.*

(Sentaos)

Los padrinos y la candidata se disponen para la investidura, saludando con una inclinación de cabeza a la Presidencia.

El padrino principal muestra a su candidata el birrete, mientras dice:

— *Accipe pileum quo non solum splendore ceteros praecedas, sed quo etiam tamquam Minervae casside ad certamen munitior sis.*

(Recibe el birrete no solo para que sobresalgas de entre los demás, sino también para que estés mejor protegida en el combate, como con el casco de Minerva)

Le impone el birrete.

Mostrándole el libro abierto, dicen (los dos padrinos):

— *En librum apertum ut scientiarum arcana reseres.*

(He aquí el libro abierto, para que accedas a los secretos de las ciencias)

Mostrándoselo cerrado, dicen:

— *En clausum ut eadem prout oporteat intimo pectore custodias.*

(Helo cerrado, para que, según proceda, lo guardes en lo profundo del corazón)

Se lo entregan diciendo:

— *Do tibi facultatem legendi, intelligendi et interpretandi.*

(Te doy la facultad de enseñar, de comprender y de interpretar)

Padrinos y candidata se abrazan, vuelven a sus lugares y permanecen en pie.

Terminada la investidura de la candidata, la Rectora dice a los restantes:

— *Levate.*

(Levantaos)

Y dice al secretario general:

— *Lege promissum novo doctori.*

(Lee el juramento a la nueva doctora)

El secretario general, mostrando los Estatutos de la Universidad de Zaragoza, pregunta a la candidata:

— *Promittis observare et adimplere omnia et singula quae sequuntur?*

(¿Prometes observar y cumplir todas y cada una de las cosas que siguen?)

La candidata responde:

— *Sic promitto et sic volo.*

(Así prometo y quiero)

Y sigue el secretario general:

— *Primo, semper et ubicumque fueris, iura et privilegia, honorem Studii Generalis Civitatis Caesaraugustanae conservabis et semper id iuvabis, favorem, auxilium et consilium praestabis in factis et negotiis universitatis quotiens fueris requisita?*

(Y, en primer lugar, siempre y doquier estuvieras, ¿guardarás siempre los derechos y privilegios y el honor de la Universidad de Zaragoza y la ayudarás siempre y le prestarás tu concurso, apoyo y consejo en los asuntos y negocios universitarios tantas veces cuantas fueras requerida?)

La doctoranda contesta:

— *Sic promitto et sic volo.*

(Así prometo y quiero)

La Rectora añade:

— *Accipio promissum vostrum. Studium Generale Civitatis Caesaraugustanae testis est et iudex erit si fidem decederes.*

(Recibo tu promesa, la Universidad de Zaragoza es testigo y será juez si faltaras al compromiso)

El secretario general nombra a la nueva doctora, que se acerca a la Mesa Presidencial para que la Rectora le imponga la Medalla y le entregue el Título.

Vuelve a su sitio en el estrado.

A continuación, la Rectora dice:

— *Sedete.*

(Sentaos)

La Rectora da la palabra a la nueva doctora.

— *Puede ocupar la Cátedra la Doctora Shoshana Grossbard.*

La doctora *honoris causa*, acompañada por sus padrinos, ocupa la Cátedra y pronuncia su discurso.

Al finalizar la intervención de la nueva doctora, la Sra. Rectora Magnífica toma la palabra.

Terminado su discurso, la Rectora dice:

— *Pongámonos en pie para entonar el Gaudeamus Igitur.*

Terminado el *Gaudeamus Igitur,* la Rectora clausura el acto.

ECONOMÍA DE LA FAMILIA.
UN ENFOQUE MULTIDISCIPLINAR

Shoshana Grossbard

Agradecimientos

Quiero comenzar agradeciendo al economista José Alberto Molina haber colaborado conmigo en diversos proyectos y, ahora, haberme propuesto para este doctorado *honoris causa* de la Universidad de Zaragoza. También doy las gracias, a él y a la socióloga Carmen Elboj, por su intervención como padrino y madrina en esta solemne ceremonia. Asimismo, deseo agradecer al Instituto de Investigación en Empleo, Sociedad Digital y Sostenibilidad (IEDIS) haber elevado la propuesta para ser aprobada por la Universidad de Zaragoza y a todos los miembros que, de una forma u otra, han apoyado este nombramiento. Muchas gracias. Lo valoro profundamente.

También quiero dar las gracias a mis padres, Henry y Anna Grossbard (q. e. p. d.), a mi esposo Robert Yaronne, a mis hijos Michal, Zev, Chaim y Esther Shechtman, a mis colegas y amistades, y a todas las personas que han sido amables y me han apoyado a lo largo de los años. La lista es demasiado extensa para mencionarlos aquí, pero me gustaría manifestar un agradecimiento especial a los ya fallecidos Theodore W. Schultz, Bertrand Lemennicier, Clive Granger, Jack Hirshleifer y Ed Lazear; a mis coautoras y coautores anteriores Shoshana Neuman, Olivia Ekert-Jaffe y Catalina Amuedo-Dorantes; a Victoria Vernon, y a mis coautores más recientes, Andrea Beller, Charles Horioka y Lingrui Zhang.

1. Economía del matrimonio y la familia

La economía del matrimonio y la familia es el tema principal sobre el que he trabajado a lo largo de mi carrera. Comencé a investigar la temática en 1974, hace más de cincuenta años. En aquel momento el estudio del matrimonio y la familia todavía se consideraba un campo exclusivo de sociólogos, psicólogos, profesionales del trabajo social y otras disciplinas afines.

Los economistas Gary Becker y Jacob Mincer ya se habían adentrado en esta línea de investigación, pero su impacto aún no se había extendido más allá de sus círculos más cercanos. Ambos se convirtieron en economistas de la familia a principios de la década de 1960, cuando eran profesores de Economía en la Universidad de Columbia, en la ciudad de Nueva York, y formaban parte del equipo investigador vinculado al National Bureau of Economic Research (NBER), que en ese momento tenía su sede en Nueva York.

Una cuestión interesante es: ¿quién desempeñó el papel más importante en el nacimiento de este nuevo campo de la economía, Becker o Mincer? Ambos ofrecieron versiones diferentes sobre la cuestión. He tenido el honor de conocer personalmente sus opiniones al respecto y sus reacciones frente a mi interpretación de sus teorías sobre la información que iba recopilando.

También entrevisté a numerosos estudiantes de Becker y Mincer en Columbia (a algunos de ellos más de una vez), publiqué un artículo sobre el particular en *Feminist Economics* en 2001 y he coescrito varios trabajos junto con

Jacob Mincer, diciembre de 1998.
Fotografía de Alvin Ziontz

Gary Becker. Año desconocido.
Imagen encontrada en internet

Andrea Beller —economista formada en Columbia— y otros colegas sobre los primeros años de la Economía Neoclásica del Hogar (Beller y Grossbard, 2019; Grossbard y Beller, 2022; Beller *et al.*, 2024).

Conocí de primera mano el interés de Mincer por la economía de la familia en una conversación que podría considerarse una entrevista informal. Me explicó que, en los años cincuenta y principios de los sesenta, investigaba sobre los factores determinantes de la participación laboral femenina y las horas trabajadas por las mujeres en el mercado laboral. Fue entonces cuando empezó a tomar conciencia de los dilemas que implicaba la asignación del tiempo de las mujeres entre el trabajo remunerado y la producción doméstica, especialmente mientras criaba a tres hijos pequeños junto con su esposa Flora, radióloga en un hospital de Nueva York.[1]

---

1   La esposa de Becker era entonces ama de casa.

Hasta entonces, los estudios econométricos sobre el trabajo de las mujeres no habían tenido en cuenta el equilibrio entre el empleo remunerado y las tareas del hogar. El punto de inflexión se produjo en 1960, durante una conferencia del NBER en Nueva York sobre la participación de las mujeres en el mercado laboral. Allí presentó un estudio que incorporaba por primera vez estas consideraciones sobre la producción doméstica. Su intervención fue recibida con una entusiasta ovación. Como resultado, publicó el artículo Mincer (1962) basado en dicha presentación.[2]

En 2001, poco después de publicar el testimonio de Mincer en el artículo «The New Home Economics at Columbia and Chicago» en la revista *Feminist Economics,* James J. Heckman me comentó que Gary Becker se había molestado con mi texto. En él, siguiendo la versión de Mincer, presentaba a este último como el principal impulsor de la Economía de la Familia. Heckman, que por entonces era colega de Becker en la Universidad de Chicago (y lo había sido de Mincer en Columbia), me señaló que el artículo de Becker de 1960 «An Economic Analysis of Fertility» fue en realidad la primera publicación económica sobre una decisión relevante dentro del ámbito familiar.

Me impactó saber que Becker estaba tan disgustado. En 2002, él mismo me lo comunicó directamente. Me dijo que no estaba nada conforme con el relato que yo había ofrecido sobre los orígenes de la Economía del Hogar. Le prometí que revisaría mi versión y que publicaría un nuevo enfoque que reconociera tanto a él como a Mincer como cofundadores del campo. Así lo hice en mi

---

2   Pedro Teixeira le entrevistó unos años más tarde y relata una historia muy similar (Teixeira, 2007).

libro sobre Jacob Mincer (Grossbard, 2006), donde afirmo que ambos —Becker y Mincer— fundaron la Economía Neoclásica del Hogar. Hoy, en 2025, muchos años después del fallecimiento de Mincer (2006) y de Becker (2014), retomo la pregunta: *¿quién fue realmente el principal pionero de este campo tan importante dentro de la economía?*

Conocer a Becker, Heckman y Mincer marcó profundamente mi trayectoria. Ser una mujer joven y sin pareja, doctoranda en Economía en la Universidad de Chicago durante los años setenta, fue tanto un privilegio como un desafío. A menudo era la única mujer en clase y la única profesora de referencia en el Departamento era Mary J. Bowman, una economista de la educación que seguía impartiendo clases a pesar de haber superado la edad de jubilación. Cada vez que invitaba a un profesor a formar parte de mi comité de tesis, aceptaban con entusiasmo. Así que, en un primer momento, mi tribunal estuvo compuesto por algunos de los economistas más brillantes: Gary Becker, James J. Heckman y Edward Lazear. Los dos primeros, con el tiempo, recibirían el Premio Nobel; Lazear, por desgracia, falleció antes de que pudiera obtener ese reconocimiento. Fue emocionante poder debatir mis ideas con figuras tan influyentes, que además mostraban un genuino interés por el tema de mi tesis: la economía de la poligamia.

Un trimestre, cuando aún estaba en las primeras etapas de mi investigación doctoral, Jacob Mincer visitó el Departamento y ofreció un curso sobre economía laboral en el que me inscribí. Aunque sus clases se centraban en temas laborales, tuve la oportunidad de hablar con él y descubrir que su historia personal presentaba muchos paralelismos con la de mi padre, con quien yo tenía una relación muy cercana. Ambos eran judíos nacidos en Polonia en el periodo de entreguerras, asistieron a escuelas públicas, escribían con una caligrafía muy parecida y conservaban el polaco como lengua materna. El acento de Mincer en inglés recordaba al acento francés de mi padre. Los dos vivieron el antisemitismo en Polonia y emigraron antes de la invasión nazi: Mincer a Checoslovaquia y mi padre a Bélgica. Pero ni siquiera el exilio los libró del horror, ya que los nazis también ocuparon esos países. Al terminar la Segunda Guerra Mundial, los dos tuvieron que enfrentarse a la pérdida de padres y hermanos asesinados en los campos de exterminio que los nazis habían construido por toda Polonia.[3]

Quizás todos esos puntos en común dieron lugar a una cercana amistad. Su familia acabó sintiéndose un poco parte de la mía. Jacob y su esposa Flora me abrieron las puertas de su casa en Nueva York y durante mi año sabático en Columbia (2001-2002) los visité con frecuencia. Después de graduarme en 1978 y trabajar en distintos centros, seguimos en contacto. Incluso tras la muerte de Jacob, mantuve la relación con Flora y hoy en día sigo en contacto con sus hijas. Guardo con cariño una dedicatoria que él escribió en uno de sus libros, *Studies in Labor Supply* (Mincer, 1993), en el que recopiló sus publicaciones sobre la participación laboral de las mujeres.

En cambio, mi vínculo con Gary Becker, quien fue mi director de tesis, siempre fue más distante. Aunque manteníamos la relación justa y necesaria para poder trabajar juntos y que aprobara mi tesis, tenía la impresión de que no le agradaba. Nunca supe por qué. Un compañero me dijo años después que me oyó gritarle. No lo recuerdo,

---

3 Véase Mincer (2014) para su propio relato de sus experiencias en el Holocausto. Recopilado y diseñado por su hija Deborah Mincer y su nieta Nina Sussman. Autoeditado por blurb.com.

pero no me sorprendería. Me sentía muy frustrada cuando, en 1976, salí al mercado laboral sin acceso a oportunidades. Como muchas estudiantes, creía que los directores de tesis ayudaban a sus doctorandas a conseguir buenos puestos, y me rodeaban compañeros —sobre todo hombres— que sí los estaban consiguiendo, en parte gracias al respaldo de James Heckman, quien por entonces ya se había desvinculado de mi comité. Quizá esa frustración me llevó a levantar la voz.

Volviendo a la pregunta: ¿quién fue el verdadero fundador de la Economía Neoclásica del Hogar? Es cierto que Becker fue el primero en publicar un artículo sobre Economía del Hogar. Su trabajo de 1960, «An Economic Analysis of Fertility», recogía una ponencia que presentó el mismo año en una conferencia del NBER celebrada en Princeton y centrada en el cambio demográfico y económico en los países desarrollados. Ahora bien, ¿qué intervención de ese año tuvo un mayor peso en el nacimiento del campo, la de Becker sobre fertilidad o la de Mincer sobre la oferta laboral de mujeres casadas?

Si analizamos ambos textos con detenimiento, veremos que el artículo de Becker no profundiza demasiado en la integración de la producción doméstica dentro del análisis económico estándar. En el mismo volumen donde se publicó su artículo, el comentarista asignado por el NBER (James Duesenberry, de Harvard) escribió lo siguiente:

> La esencia de la teoría de Becker sobre la demanda de hijos puede resumirse en dos proposiciones. Primera: a medida que aumenta el ingreso familiar, los padres proporcionarán a sus hijos un nivel de vida más alto. Segunda: conforme aumenta el ingreso, probablemente los padres aumentarán también el número de hijos que desean tener.

Mis comentarios coinciden plenamente con la primera proposición, pero cuestionan la segunda. En su teoría económica, Becker trata a los hijos como bienes duraderos de consumo. Su justificación para este enfoque es que, al igual que los automóviles, los hijos generan utilidad para los padres y requieren un gasto considerable. A partir de aquí, sostiene que la naturaleza de la demanda de hijos es similar a la de la demanda de automóviles: las familias con mayores ingresos demandan más automóviles y automóviles de mejor calidad; del mismo modo, demandan más hijos y gastan más por cada hijo. En su análisis, Becker distingue dos componentes en el gasto destinado a un hijo. El primero se refiere al tamaño y la naturaleza del conjunto de bienes y servicios que el hijo consume. El segundo se refiere a los precios de esos bienes y servicios. El gasto por hijo puede variar, ya sea por un cambio en la composición de la «cesta» de consumo del hijo, o por un cambio en los precios de los componentes de esa cesta.

Becker equipara la utilidad adicional que reciben los padres como resultado de un aumento en el primer tipo de gasto —es decir, el dirigido a mejorar la composición de la cesta— con un aumento en la «calidad» del hijo. A este tipo de gasto lo denomina *gasto en calidad*. Pero define un cambio en el gasto por hijo que se produce, simplemente, por una variación en los precios de uno o varios componentes de la cesta —es decir, del segundo tipo— como un cambio en el coste del hijo. Así, en el marco teórico de Becker, el concepto de cambio en el coste de un hijo es muy limitado: se refiere únicamente a la variación en el gasto por hijo cuando el conjunto de bienes y servicios que consume se mantiene constante. Conviene hacer aquí una advertencia: Becker vincula el gasto en calidad con la cantidad de utilidad que los hijos proporcionan a sus padres.

Con el paso del tiempo y una mayor perspectiva histórica, el artículo de Mincer sobre la oferta laboral femenina presentado en la otra conferencia del NBER en 1960 me parece más innovador que el de Becker sobre fertilidad. ¿Hasta qué punto fue determinante que el trabajo de Becker se publicara de inmediato en un libro del NBER (1960), mientras que el de Mincer tuviera que esperar dos años para ver la luz en un volumen editado por H. Gregg Lewis (1962)? En mi opinión, esa diferencia en los tiempos de publicación refleja más bien el hecho de que Becker, y no Mincer, dirigía el NBER en aquel momento. Desde mi punto de vista, fue Mincer —más que Becker— quien introdujo de forma decidida el concepto de producción doméstica en los análisis económicos neoclásicos sobre decisiones familiares.

Para añadir más complejidad al asunto, durante los años que siguieron a sus presentaciones de 1960, tanto Mincer como Becker publicaron artículos clave en los que sí integraron explícitamente la producción del hogar. Sus textos fundamentales son Mincer (1963) y Becker (1965). Ambos trabajos son muy similares en cuanto a las ideas centrales que proponen: examinan las relaciones entre producción doméstica y participación laboral femenina, consumo en el hogar, inversión en capital humano de los hijos, fertilidad y tiempo de desplazamiento al trabajo. Muchos lectores de la época quedaron impresionados por la presentación, más elegante en lo que a las matemáticas se refiere, de Becker (1965), así como por el hecho de que su artículo se publicara en una revista de alto prestigio como *Economic Journal.*

En cambio, el texto de Mincer apareció en un libro editado por Carl Christ. Para los economistas actuales, preocupados por otorgar el reconocimiento que cada autor merece, esos factores de forma son secundarios. Otros trabajos pioneros publicados poco después consolidaron aún más el nuevo campo de la economía del hogar.[4] Por parte de Mincer, destacan sus artículos junto a Solomon Polachek (1974) y Yoram Ofek (1978); por parte de Becker, los textos de 1967, 1973, 1974, así como sus colaboraciones con Ghez (1975), Tomes (1976) y el equipo Becker, Landes y Michael (1977). Formo parte de un grupo de economistas que no compartimos la decisión del Comité del Nobel de premiar únicamente a Gary Becker en 1992 por sus contribuciones a la economía de la familia. Jacob Mincer no recibió ese reconocimiento. Hasta ahora, el grupo ha permanecido en silencio. Me alegra poder aprovechar la ocasión para expresar mi postura de forma clara y contundente.

Ya en 1974 algunos observadores externos señalaban que había nacido un nuevo campo en la economía. Uno de ellos fue Marc Nerlove, quien acuñó el término *Nueva Economía del Hogar* (New Home Economics), en alusión al creciente protagonismo de la producción doméstica en el

---

4 Adopté el término *Economía Neoclásica del Hogar* a partir del término *Economía Neoclásica del Género* introducido por Giandomenica Becchio (2020).

análisis de la oferta laboral, el consumo y otras decisiones clave en el enfoque neoclásico.

Los seminarios organizados para estudiantes de posgrado por Gary Becker desempeñaron un papel fundamental en el desarrollo del nuevo campo. El primero nació en Columbia y se conocía como el Taller de Economía Laboral (*Labor Workshop*). Fue codirigido por Jacob Mincer. Dentro de ese espacio, la economía del matrimonio se consolidó como una subdisciplina emergente que aplicaba herramientas analíticas al estudio de la toma de decisiones dentro del hogar y de la familia. El segundo seminario, conocido como Applications of Economics Workshop, comenzó cuando Becker se trasladó a la Universidad de Chicago en 1970. En él se abordaban temas más amplios, como la economía del crimen o la economía política. A continuación, ampliaré esta información.

La economía del matrimonio y la familia también podría haberse denominado «economía de la organización del hogar», ya que trata de cómo se estructura la producción doméstica. De hecho, este enfoque resalta los paralelismos entre el funcionamiento de las empresas y el de los hogares. Ambos buscan organizar la producción: las empresas, de bienes y servicios para el mercado; los hogares, de bienes y cuidados para el consumo interno.

El matrimonio, como institución, organiza buena parte de la producción en hogares formados por varias personas, a menudo pertenecientes a distintas generaciones. Su funcionamiento tiene repercusiones sobre decisiones cruciales: participación laboral, consumo, reproducción, ahorro, etc. Aunque reconocían su importancia, hasta entonces la mayoría de economistas apenas prestaban atención al matrimonio en sus análisis. Cuando lo hacían, solía ser como una variable de control, tratada como un simple dato exógeno.

1.1. Mis primeras investigaciones
sobre la economía del matrimonio

Cuando empecé a trabajar en este tema, como estudiante de doctorado en la Universidad de Chicago en 1974, aún no existían libros sobre economía del matrimonio y la familia. El primero fue el de Gary Becker, *A Treatise on the Family*, publicado en 1981. Becker fue mi principal director de tesis mientras escribía mi investigación sobre la economía de la poligamia (Grossbard-Shechtman, 1978). Durante los años ochenta se publicaron otras monografías sobre la materia: *On Love and Money* (1980), de Ivy Papps, en el Reino Unido, y *Le marché du mariage et de la famille* (1988), de Bertrand Lemennicier, en Francia. Papps también había sido alumna de Becker, y Lemennicier hizo un posdoctorado en la Universidad de Chicago antes de publicar su libro. Todos nosotros nos inspiramos en los artículos originales y pioneros de Becker sobre teoría del matrimonio publicados en *Journal of Political Economy* en 1973 y 1974.

Considero que tuve mucha suerte de participar en el nacimiento de un nuevo campo de investigación científica. Hoy reconozco que mi deuda intelectual no es solo con Gary Becker, que dirigió mi tesis sobre poligamia, sino también con mis padres y con mis abuelos, a quienes nunca llegué a conocer.

1.2. De Polonia a Israel pasando por Bélgica:
migración y memoria familiar

Mi camino hacia la Universidad de Chicago y hacia Gary Becker comenzó mucho antes, con una historia familiar marcada por la migración y la tragedia. Todos mis abuelos emigraron del sur de Polonia —la región que había estado bajo dominio austrohúngaro— hacia Bélgica en el primer cuarto del siglo XX. Mi madre nació en Bélgica, donde conoció a mi padre, quien había emigrado desde Polonia siendo adolescente. Cuando los nazis invadieron Bélgica, mis padres huyeron al sur de Francia. Al regresar del exilio, en 1945, descubrieron que ambas madres habían sido deportadas a Polonia y asesinadas en Auschwitz. Mis abuelos paternos habían muerto de forma natural, pero cuando nací, mis padres ya no contaban con el apoyo de sus progenitores, y yo nunca llegué a conocer a ninguno de mis abuelos. Crecí a la sombra del Holocausto.

Fue una infancia marcada por el dolor y el peso de una memoria trágica, especialmente en un entorno —la Bélgica de posguerra— donde muchas de las personas que habían colaborado con los nazis seguían viviendo con normalidad. El panadero y el tendero del barrio, por ejemplo, se decía que habían colaborado. Quise una vida diferente. Me hice sionista. Soñaba con vivir en Israel, un Estado fundado el mismo año en que yo nací y donde los judíos eran mayoría. Después de un año estudiando Economía en la Universidad Libre de Bruselas (ULB), me trasladé a la Universidad Hebrea de Jerusalén. Allí el plan de estudios exigía una doble especialización, así que también me matriculé en Sociología, una disciplina que me fascinaba desde el instituto. Elegí Economía por motivos prácticos, porque temía que con Sociología no pudiera conseguir un buen trabajo en Israel.

En aquel momento, no tenía ni idea de que años más tarde solicitaría plaza en programas de doctorado en Estados Unidos, ni de que tendría más posibilidades de ser admitida en una universidad de élite como Chicago si venía de la Universidad Hebrea que si lo hacía desde la ULB.

Resultó que, décadas antes, Don Patinkin —un economista formado en Chicago y discípulo de Milton Friedman— se había trasladado a Israel y había fundado un Departamento de Economía en la Universidad Hebrea

Theodore W. Schultz, 1902 -1998; ganador del Premio Nobel de Economía en 1979

fuertemente influenciado por la Escuela de Chicago. Gracias a ello, los estudiantes que habían pasado por allí tenían muy buen historial académico en los programas de doctorado de Chicago, lo que motivó a la Universidad a priorizar solicitudes provenientes de esa institución. Cuando empecé el doctorado en 1972, había tres estudiantes con título de grado por la Universidad Hebrea. Ninguna otra universidad del mundo —ni siquiera Princeton, que contaba con dos— tenía tantos representantes en aquella promoción. Mi formación en la Universidad Hebrea también me ayudó a encontrar al director de tesis adecuado. A los pocos meses de comenzar el doctorado, descubrí que Gary Becker estaba investigando sobre economía del matrimonio. Pensé que sería perfecto que él dirigiera mi tesis, ya que así podría combinar mi interés por la economía y la sociología. El hecho de haberme formado en ambas disciplinas en Jerusalén jugó a mi favor. Además, tanto Becker como Mincer habían tenido buenas experiencias con estudiantes de Columbia formados en la Universidad Hebrea.[5]

---

5   Incluidos Reuben Gronau, Giora Hanoch, Ruth Klinow y Yakov Parush.

Estudiar en Chicago era costoso. Cuando solicité la admisión en el programa de doctorado, también pedí una exención de matrícula y una beca para cubrir los gastos de manutención. Me concedieron la exención de tasas desde el inicio, pero no la beca. Me dijeron que, si destacaba durante el primer trimestre, me la ofrecerían. Efectivamente, obtuve buenas calificaciones, pero entonces me comunicaron que solo los ciudadanos estadounidenses podían acceder a esas ayudas. En lugar de una beca, me ofrecieron algo incluso mejor: una plaza remunerada como asistente de investigación del profesor emérito Theodore W. Schultz. Trabajar con él fue una experiencia excelente. Me recomendó lecturas muy interesantes —incluidas varias de sus propias publicaciones sobre capital humano y desarrollo económico—, que comentábamos en nuestras reuniones semanales. A diferencia de otros profesores y estudiantes del Departamento de Economía, Schultz era muy educado y amable. Cada semana esperaba con entusiasmo nuestras reuniones en su despacho, que para mí eran un verdadero oasis de respeto y cordialidad.

El profesor Schultz fue una figura decisiva en la elección de mi tema de tesis. En mi segundo año, me sugirió asistir al seminario de Becker sobre Aplicaciones de la Economía, donde se presentaba como invitada especial Mary Douglas, una destacada antropóloga social del University College de Londres. En su intervención, Douglas expuso hallazgos de su trabajo de campo con tribus africanas y comentó su interés en aprender más sobre teoría económica del capital humano para poder interpretar mejor sus observaciones. Recuerdo haber pensado: «Sin formación en economía, no le será nada fácil». Y me planteé si yo misma no podría contribuir a comprender mejor esos comportamientos sociales a través de la economía.

Como Becker organizaba el seminario, al finalizar le pregunté si podía especializarme también en antropología dentro de mi doctorado en Economía. Llevó mi propuesta al Departamento y la aprobaron. Puede que sea la única doctora en Economía por Chicago que haya combinado especialización en economía laboral con antropología.

Entonces cursé dos asignaturas en Antropología: una sobre parentesco, con uno de los principales expertos en estructuras familiares estadounidenses del momento, David Schneider; y otra sobre pequeñas sociedades del Pacífico, con Marshall Sahlins, quien había comenzado su carrera como antropólogo económico, pero para entonces se había convertido en un entusiasta del enfoque estructuralista de Claude Lévi-Strauss. A continuación, necesitaba definir el tema de mi tesis. Quería algo que combinara economía y antropología, y que resultara de interés para Gary Becker. Descubrí el *Atlas of World Cultures* de George P. Murdock, que recogía datos etnográficos detallados de cientos de pequeñas sociedades. Se me ocurrieron varias ideas que, con el tiempo, otros economistas han explorado. Me reunía regularmente con Becker para comentarlas, pero ni él ni yo estábamos del todo convencidos. Además, la calidad de los datos de Murdock no parecía suficiente para sustentar una tesis doctoral en Economía.

Y una vez más, T. W. Schultz acudió en mi ayuda. Regresaba de una estancia como asesor en Nigeria y me dijo: «Señorita Grossbard, tengo un conjunto de datos excelente para usted. Puedo conseguirle una cinta con abundante información sobre hogares polígamos en Maiduguri, Nigeria. Con esos datos podrá hacer un análisis econométrico de la poligamia. Estoy seguro de que al profesor Becker le interesará». Al principio, la idea de investigar sobre poligamia no me entusiasmó. Sabía que podría resultar difícil posicionarme profesionalmente como especialista en ese tema, y James Heckman, otro de mis asesores, también me advirtió al respecto. Pero lo cierto es que el proyecto era sólido y me permitía avanzar de inmediato. Becker lo apoyó, y además logró que me concedieran una beca de la Fundación Alfred P. Sloan para el periodo 1974-76.

En 1976 ya había completado un primer borrador de mi tesis. A Schultz le gustó mucho y me envió al despacho del profesor Sol Tax, del Departamento de Antropología de Chicago, quien en ese momento era editor de una de las revistas más importantes de la disciplina: *Current Anthropology*. Presenté allí mi artículo y fue aceptado en menos de seis meses (Grossbard, 1976). Sol Tax también invitó a varios expertos a comentar mi trabajo: por un lado, el antropólogo Ronald Cohen y, por otro, el equipo de sociólogos Rémi Clignet y Joyce Sween, que habían trabajado sobre la poligamia en África. Me ofrecieron la oportunidad de responder a sus comentarios (Grossbard, 1977), lo que enriqueció aún más el intercambio académico.

En 1979, un año después de que obtuviera mi doctorado, T. W. Schultz fue galardonado con el Premio Nobel de Economía, precisamente por sus aportaciones al estudio del capital humano y el desarrollo económico.

No fue hasta 1992 cuando Gary Becker recibió también el codiciado Nobel. Para entonces, yo ya estaba lejos de Chicago, pero me invitaron a participar en un proyecto conmemorativo coordinado por dos de sus antiguos alumnos: Mariano Tommasi, argentino, y Kathryn Ierulli, estadounidense. Ambos editaron un libro titulado *The New Economics of Human Behavior*, publicado por Cambridge University Press en 1995 (y en 2000 en su edición en español: *Economía y Sociedad*). Mi contribución a ese volumen fue un capítulo titulado «Modelos de mercado matrimonial», donde desarrollaba parte de las ideas que había comenzado a explorar en mi tesis.

2. ¿Qué habría hecho de forma diferente si tuviera la oportunidad de revivir parte de mi vida como economista profesional?

Si pudiera empezar de nuevo, hay tres cosas que evitaría:
1. Haber cambiado de nombre tantas veces.
2. Haberme mostrado pasiva cuando mis profesores tomaban decisiones sobre mí.
3. Haber permitido que figuras académicas más veteranas bloquearan mis ideas nuevas.

2.1. Habría evitado cambiar de nombre tantas veces

Un consejo que daría a las investigadoras más jóvenes es que no cambien de nombre. Por distintos motivos, a lo largo de mi carrera he utilizado cuatro nombres diferentes: cambié dos veces de apellido y usé también dos nombres de pila distintos. El resultado fueron cuatro combinaciones posibles de nombre y apellido: Amyra Grossbard, Amyra Grossbard-Shechtman, Shoshana Grossbard-Shechtman y Shoshana Grossbard. En la bibliografía que figura al final de este volumen, he organizado mis publicaciones agrupándolas según esos cuatro nombres.

Todos estos cambios generaron confusión y afectaron negativamente tanto a mi reputación como a la difusión de mi trabajo. Algunos colegas me comentaron que les costaba seguir mi trayectoria por tal motivo. Perdí la ventaja de que los lectores me reconocieran y siguieran leyendo mis textos por la reputación de mi nombre. Muchas veces volvemos a leer artículos de autoras o autores que nos han gustado, incluso si el tema no es de nuestro interés inmediato. Debería haber sido más respetuosa con esa preferencia natural de los lectores. La gente responde a las marcas: no solo en los supermercados, también en el mundo académico. Quienes publicamos sobre temas diversos necesitamos construir un nombre reconocible.

Es difícil cuantificar el daño que me hice con estos cambios, pero probablemente me costaron muchas lecturas y citas perdidas.

2.2. Habría evitado mostrarme pasiva cuando mis profesores tomaban decisiones sobre mí

Durante el primer año de mi doctorado, tanto Gary Becker como James Heckman actuaban como mis asesores. Unos seis meses después de comenzar la tesis, me informaron de que habían tenido una discusión y decidieron no volver a formar parte juntos del comité de tesis de ningún estudiante. Como resultado, me asignaron a Becker, y Heckman abandonó mi comité. No sé si habría podido cambiar eso, pero como estudiante me perjudicó.

Heckman era entonces una joven promesa y resultaba muy eficaz a la hora de ayudar a sus estudiantes a conseguir buenos empleos. Becker, en cambio, no lo era. Viéndolo en retrospectiva, ojalá hubiera protestado por cómo se me trató. Tenía derecho a poder opinar sobre con quién quería trabajar. Entiendo que no pudieran colaborar más, pero ¿tenían derecho a decidir unilateralmente quién se quedaba en mi comité?

2.3. Habría sido más persistente y segura de mí misma ante quienes no reconocían el valor de mis ideas

Si crees que tienes buenas ideas, no dejes que otras personas —aunque sean mayores o tengan más prestigio— te convenzan de que no valen. Las personas jóvenes son, probablemente, las que tienen ideas más innovadoras. Yo habría luchado más para evitar que figuras académicas con poder silenciaran mis propuestas.

Tuve una gran idea al comienzo de mi tesis doctoral, en 1974-75: desarrollé un modelo de mercado para el trabajo doméstico, normalmente realizado por mujeres casadas. Con el tiempo lo llamé *mercado de trabajo en el hogar* (WIHO, por sus siglas en inglés: *Work-in-Household*), como expuse en mi segundo libro, *The Marriage Motive* (Grossbard, 2015). La idea surgió mientras estudiaba la poligamia: me di cuenta de que, en sociedades polígamas, las mujeres eran trabajadoras domésticas contratadas y pagadas por hombres. En un primer momento, me referí a esto como *servicios de esposa*, un término que había visto en textos antropológicos, aunque en ellos no se hablaba de mercados.

Mi aportación fue introducir la oferta (por parte de las mujeres) y la demanda (por parte de los hombres). Algunos malinterpretaron la propuesta creyendo que yo defendía ese sistema patriarcal, como si considerara que las mujeres debían ser esclavas de los hombres. Nada más lejos de mi intención. Desde el principio, mi planteamiento fue que las mujeres ofrecían su trabajo con la expectativa legítima de ser compensadas. Defiendo que todas las personas trabajadoras, en cualquier ámbito —doméstico o empresarial—, deben recibir una remuneración adecuada. Así lo expresé ya en 1984 en un artículo publicado en *The Economic Journal* (Grossbard-Shechtman, 1984*a*). En aquel trabajo evité usar el término *servicios de esposa*, pero empleé otro más ambiguo: *trabajo doméstico*, que podía aplicarse tanto a hombres como a mujeres, aunque también se prestaba a malinterpretaciones.

Más adelante aclaré que con trabajo doméstico me refería específicamente a trabajo realizado en beneficio de la pareja o cónyuge dentro del hogar.

Hoy estoy más convencida que nunca de que el modelo WIHO es útil y potente. Creo que es el mejor marco para entender qué hacen mujeres y hombres dentro del hogar. Sirve para estudiar la oferta laboral, el consumo y el ahorro. En *The Marriage Motive* (2015) presenté argumentos sólidos en defensa de este modelo. Sin embargo, su reconocimiento sigue siendo limitado. La mayoría de especialistas en economía del hogar continúan utilizando modelos alternativos como el modelo unitario, los modelos de negociación o el modelo colectivo (véase Apps y Rees, 2009, para una buena síntesis).

Ahora, a mis setenta años, cincuenta después de haber creado este modelo, sigo teniendo un reconocimiento limitado cuando defiendo el enfoque WIHO. Cuando era una joven estudiante de Gary Becker —entonces una autoridad indiscutida—, resultaba imposible que se reconociera el valor de una idea que nacía de una estudiante. Ojalá hubiera tenido un profesor o profesora que me ayudara a encontrar las palabras adecuadas. Me habría gustado expresarme así: «¡No estoy diciendo que las mujeres sean esclavas! Estoy diciendo que son trabajadoras que trabajan para su pareja en el hogar». Becker y Mincer afirmaban que los hogares funcionan como empresas. Y yo les habría respondido: «¡Exactamente! Las empresas tienen directivos y también trabajadoras y trabajadores. Eso es lo que quiero decir. Y este trabajo tiene un precio».

Me ha llevado cincuenta años desarrollar este discurso interior y enfrentarme a estudiantes escépticos hasta poder explicar con claridad mi idea. Ser ignorada por autoras y autores que han desarrollado modelos menos ambiciosos —que solo abordan parcialmente los problemas de la economía del hogar— ha sido doloroso. Eso incluye a Becker y también a quienes impulsaron los modelos alternativos citados en Apps y Rees (2009), incluyendo a la propia Deborah Apps y al fallecido Ray Rees.

Fue especialmente duro ser ignorada o ridiculizada por economistas israelíes que admiraba y que seguían el modelo de Becker. Aún puedo oír la voz de uno de ellos, en 1983, diciéndome que *The Economic Journal* se había equivocado al aceptar mi artículo.

Pero, a pesar de esas experiencias difíciles, no me rendí. Y gracias a eso, estoy aquí hoy.

Gracias por escucharme y por darme esta oportunidad.

3. Algunas experiencias divertidas en mi carrera académica

Asistir a congresos y reencontrarme con colegas del ámbito profesional es una de las coas que más disfruto de mi carrera. Me lo he pasado muy bien participando en reuniones de diversas asociaciones científicas, como la American Economic Association (AEA), la Population Association of America (PAA), la European Society of Population Economics (ESPE) y la Society for the Advancement of Behavioral Economics (SABE). Todas estas sociedades reúnen a personas con intereses similares a los míos. Muchas de ellas son europeas, como yo.

Las reuniones más gratificantes, sin duda, son las de la Society of Economics of the Household (SEHO), la organización de economistas que fundé. No conozco a todos los asistentes, especialmente a los más jóvenes que se han ido incorporando recientemente, pero sí conozco a la mayoría de quienes presentan ponencias, y siempre es un placer volver a verlos. En algunos casos, es la primera vez que nos encontramos en persona, lo cual también es muy enriquecedor, sobre todo si ya estamos familiarizados con el trabajo del otro. Muchas veces, en los congresos de

SEHO conozco personalmente a colegas con quienes ya había intercambiado correos electrónicos.

Todos los encuentros organizados hasta la fecha han sido magníficos y han ofrecido excelentes oportunidades para aprender y establecer redes con personas interesadas en la economía del hogar. Recuerdo con especial cariño el primer congreso que organizamos en San Diego, en 2017. Fue una experiencia emocionante pero también estresante, ya que los organizadores solo teníamos una idea vaga del número de personas que asistiría. Para nuestra sorpresa y alegría, acudieron más de cien participantes de todo el mundo, sobre todo de Europa. Las y los ponentes principales aceptaron venir sin remuneración ni reembolso de gastos, y, por suerte, las cuotas de inscripción cubrieron sus costes. Su generosidad fue admirable. Entre ellos estaban Charles Horioka (Japón), Daniela Del Boca (Italia) y Klaus Zimmermann (Alemania), quienes además son buenos amigos.

Las personas que organizaron los congresos posteriores de SEHO también han sido extraordinarias. Todas las reuniones han resultado interesantes y muy agradables. Sé lo mucho que cuesta organizar un evento así, y estoy profundamente agradecida a quienes lo han hecho posible hasta ahora:

Elena Stancanelli, Paris School of Economics (organizadora del congreso en París, 2018).

*Elsa Fontainha, Lisbon School of Economics &
Management, Universidad de Lisboa
(organizadora en Lisboa, 2019).*

*Enrica Croda, Universidad de Venecia Ca' Foscari
(organizadora del Congreso de 2020 en Venecia,
que tuvo que cancelarse debido a la COVID).*

*Daniele Paserman, Universidad de Boston
(organizador de la edición
de 2021, que fue virtual por la pandemia).*

*Almudena Sevilla-Sanz, London School of Econo-
mics (organizadora principal del 6.º Congreso
SEHO en University College, Londres, 2022).*

La foto fue tomada durante el 6.º Congreso. Aparecen José Alberto Molina, José Ignacio Giménez Nadal y yo.

Mette Gørtz, Universidad de Copenhague (organizadora principal del 7.º Congreso SEHO en Copenhague, 2023).

Christine Ho, Singapore Management University (organizadora del 8.º Congreso SEHO en Singapur, 2024).

El profesor José Alberto Molina será el organizador principal del 9.º Congreso SEHO, que se celebrará en la Universidad de Zaragoza en 2025.

Miembros del comité ejecutivo de SEHO

Una ocasión especialmente entrañable fue mi visita a Zaragoza en mayo de 2023, cuando fui invitada a impartir la conferencia inaugural del II Congreso IEDIS. Este congreso interdisciplinar, organizado por el Instituto Universitario de Investigación en Empleo, Sociedad Digital y Sostenibilidad (IEDIS), reunió a investigadoras e investigadores que trabajan en cuestiones sociales de gran actualidad. Mi ponencia, «Marriage Markets and Economics: A Personal and Scholarly Journey», me permitió reflexionar sobre mi trayectoria intelectual y conectar con una comunidad académica vibrante y acogedora. Sentí una fuerte afinidad con los objetivos y las personas del Instituto, y me llena de alegría regresar ahora con motivo de este reconocimiento tan especial.

Las imágenes que siguen recogen momentos de aquel evento: una foto de grupo en la ceremonia de apertura; una imagen de la sesión inaugural, en la que me acompañaban Rosa Bolea (entonces vicerrectora de Política Científica y hoy rectora de la Universidad de Zaragoza) y José Alberto Molina, director de IEDIS; una instantánea durante mi charla; y una reseña en prensa sobre el congreso y mi visita.

SHOSHANA GROSSBARD ECONOMISTA. PROFESORA EMÉRITA EN LA UNIVERSIDAD ESTATAL DE SAN DIEGO, CALIFORNIA

Discípula del Premio Nobel de Economía Gary Becker e investigadora reconocida internacionalmente, es miembro de la Red de Desigualdad Familiar, HCEO, Universidad de Chicago. Participó hace unos días en el II Congreso IEDIS en Empleo, Sociedad Digital y Sostenibilidad, en la Universidad de Zaragoza.

En primera persona

SHOSHANA GROSSBARD, ECONOMISTA, EN LA UNIVERSIDAD DE ZARAGOZA.

«La gente debería estudiar más cómo gestionar sus finanzas»

Usted ha investigado mucho sobre la economía en el matrimonio, en la familia y en la gestión de un hogar. ¿Cree que la gente que se casa o que forma una familia debería estudiar más economía?
Nunca diría que sea un requisito, pero creo que es útil estudiar más economía en general. Puede ayudar a la gente a tomar mejores decisiones cuando se casa y decide como organizar su vida. Decir exactamente que es lo que se debe enseñar para que las decisiones sean las más óptimas es muy complejo. No habría un curso único. Lo que hay de hacerse para manejar bien la economía de un hogar incluye muchas cosas. Yo personalmente he trabajado en investigaciones relacionadas con eso y puedo decir que en general habría que estudiar más.

Es decir, adquirir más cultura económica.
Sí, la gente debería estudiar más cómo gestionar sus finanzas, cómo planificar. Ahora hay algunos economistas que se han centrado en abordar mas estas cuestiones. Por ejemplo, que se enseñe a nivel de bachillerato o incluso en la escuela primaria. Hay una italiana que vive en Estados Unidos que lo trabaja.

> **En cultura económica nunca hay un límite de cuánto debes saber**

EL PERFIL

Shoshana Grossbard (1948) es economista y profesora emérita de Economía en San Diego. También es miembro de la Red de la Red de Desigualdad Familiar, HCEO, Universidad de Chicago e investigadora reconocida internacionalmente por su labor en el estudio del trabajo y en el modelo LES de la Revolución entrevista en varios persi del saber economico para esta más conocida y porque le parece que en la gente ya habia demasiado olvido. Ese que entiende todo el económico mismo.

en esto. Se llama Ana María Lusardi, ha introducido cursos en muchos países. **¿Qué recomendaría usted a las nuevas generaciones en esta materia?**
Que se lo tomen muy en serio. Sus familias son probablemente las instituciones más importantes en sus vidas. Cuando tú creces, tienes una familia que no has elegido, pero cuando te casas con la propia familia, como pareja y luego con niños, es súper importante que no se tomen estas cuestiones a la ligera. Uno debe utilizar toda la inteligencia y emplear todos sus recursos intelectuales y emocionales para organizar su vida. Mucha gente no lo hace, solo se ocupa de sus emociones. **¿Y cómo vincular lo sentimental con lo económico?**

Antes he hablado de cultura financiera. Una cosa son las finanzas, que tiene que ver con dinero, pero yo primero me refiero a lo más importante, y ahí no está el dinero. Lo importante es ser inteligente cuando eliges a una pareja. Evidentemente el dinero juega un papel -nadie quiere ser pobre-, pero hay que tener tus prioridades en la vida.

Elegida ya la persona, ¿entra la economía?

Yo entonces sugiero a la gente que utilice un pensamiento inteligente en lo que tiene que ver con su economía. Tener en cuenta todos cuáles son -os míos-, como cuándo empiezas un negocio nuevo y el objetivo es ganar dinero. En este caso, no es que la gente piensa en ganar dinero cuando se hace con una pareja o forma una familia sino que hay otras metas, cualesquiera que estas sean. El propósito es que utilicen su inteligencia cuando se aproximan a la economía, que sean racionales, que su acercamiento sea sistemático, porque la economía no es solo dinero.

¿Y cuánto afectan las leyes en esto? No es lo mismo un país que otro.
Eso es muy importante. Las diferentes leyes realmente influyen en cómo la gente organiza sus vidas. Un ejemplo es la ley de divorcio. Durante muchos años en Europa, España incluida, las leyes fueron muy estrictas en ese tema, porque la Iglesia Católica no lo permite. Eso ocurrió en España, Italia o Irlanda, y en EE. UU. Hace 100 años e incluso menos no se permitía el divorcio. En aquellos países que ha sido así creo que es terrible, a gente la llevaba a una especie de cárcel. El divorcio ha permitido a mucha gente corregir sus errores cuando no eran felices. Otro tipo de leyes que influyen mucho es cuando las propiedades de las parejas son comunes o separadas. En Francia si uno decide cuando se casa a modo de contrato, puede firmar una comunidad de activos. **En España existe el régimen de gananciales: los bienes y beneficios que los cónyuges adquieren durante el matrimonio se hacen comunes.** Exacto.

¿Qué países son los más avanzado en economía de la familia?
Creo que los países escandinavos han hecho mucho más para ayudar a los padres a criar a sus hijos con ayuda del Gobierno, pero no creo que eso sea aplicable a todos los países porque sus impuestos son mucho mayores. **Lo importante es saber algo de economía familiar y las leyes que afectan.** Para algunas personas es muy bueno cuando se van a vivir a otro países, o en Estados Unidos se van a un estado distinto del suyo.

Hablamos de cultura económica. Cuanto más sabes, mejor.
Sí, pero nunca hay un límite de cuánto debes saber. La gente tiene que saber más de leyes, política y consideraciones sobre cómo está organizado todo. Quienes crecieron con padres bien organizados tienen más ventajas sobre aquellos que no tuvieron. Es muy difícil averiguar qué hecho cada uno.

¿Qué sugiere a los estudiantes cuando se dirige a ellos?
Yo he enseñado un curso sobre Economía del trabajo y la familia en el que discutíamos de estas cosas. Y creo que los alumnos me han dicho muchas veces que les hice pensar, que aprendieron a emplear herramientas que les han resultado útiles. Y era un semestre con tres horas a la semana. El curso estaba organizado para decirte qué cosa esto encontrarías una vida real, pero se han conseguido cosas. Es una satisfacción como profesora.

LUIS H. MENÉNDEZ

4. Referencias

Apps, Patricia, y Ray Rees (2009), *Public Economics and the Household,* Cambridge: Cambridge University Press.

Becker, Gary S. (1960), «An Economic Analysis of Fertility», en *Demographic and Economic Change in Developed Countries. A Conference of the Universities-National Bureau Committee for Economic Research,* Princeton, NJ: Princeton University Press.

Becker, Gary S. (1964), *Human Capital,* Nueva York: Columbia University Press.

Becker, Gary S. (1965), «A Theory of the Allocation of Time», *Economic Journal* 75: 493-515.

Becker, Gary S. (1973), «A Theory of Marriage: Part I», *Journal of Political Economy* 81: 813-846.

Becker, Gary S. (1974*a*), «A Theory of Marriage: Part II», *Journal of Political Economy* 82: 511-526.

Becker, Gary S. (1974*b*), «A Theory of Social Interactions», *Journal of Political Economy* 70: 1-13.

Becker, Gary S. (1976), «Altruism, Egoism, and Genetic Fitness: Economics and Sociobiology», *Journal of Economic Literature* 14: 817-826.

Becker, Gary S. (1981), *A Treatise on the Family,* Cambridge: Harvard University Press.

Becker, Gary S., Elizabeth Landes y Robert Michael (1977), «An Economic Analysis of Marital Instability», *Journal of Political Economy* 85: 1141-1188.

Becker, Gary S., y N. Tomes (1979), «An equilibrium theory of the distribution of income and intergenerational mobility», *Journal of Political Economy* 87 (6). <http://www.jstor.org/stable/1833327>.

Beller, A. H., y S. Grossbard (2019), *Household economics and women in economics: Lessons from Columbia and Chicago.* Paper presentado en SEHO Meetings. Lisboa, revisado en octubre de 2019.

Beller, Andrea H., A. Fava, S. Grossbard y M. Idmansour (2024), «Women, Economics, and Household Economics: The Relevance of Workshops founded by Nobel Laureate Gary

Becker, and of Jacob Mincer», *Journal of Family and Economic Issues* 45 (3): 485-503.

Ghez, G., y G. S. Becker (1975), *The Allocation of Time and Goods over the Life Cycle*. Editor: NBER.

Grossbard, Amyra (1976), «An Economic Analysis of Polygamy: The Case of Maiduguri», *Current Anthropology* 17 (4): 701-707.

Grossbard, Amyra (1977), «Reply to Clignet-Sween and Cohen», *Current Anthropology* marzo.

Grossbard, Amyra (1978a), «Towards a Marriage Between Economics and Anthropology and A General Theory of Marriage», Papers and Proceedings, *American Economic Review* 68 (2): 33-37.

Grossbard, Amyra (1978b), *The Economics of Polygamy*. Ph. D. Dissertation inédita, University of Chicago.

Grossbard, Shoshana, y A. H. Beller (2022), «Assessing the new home economics with 2020 vision», en Morris Altman (ed.), *Constructing a More Scientific Economics: John Tomer's Pluralistic and Humanistic Economics,* Palgrave, pp. 255-280.

Grossbard-Shechtman, Amyra (1980), «The Economics of Polygamy», en Julian L. Simon y Julie DaVanzo (eds.), *Research in Population Economics,* vol. 2, Greenwich, Conn.: JAI Press.

Grossbard-Shechtman, Amyra (1981), «A Market Theory of Marriage and Spouse Selection». Paper presentado en Population Association of America.

Grossbard-Shechtman, Amyra (1982), «A Theory of Marriage Formality: The Case of Guatemala», *Economic Development and Cultural Change* 30: 813-830.

Grossbard-Shechtman, Amyra (1983), «A Market Approach to Intermarriage», en U. O. Schmelz, P. Gerson y Sergio Della Pergola (eds.), *Papers in Jewish Demography, 1981,* Jerusalén: Hebrew University Institute Contemporary Jewry.

Grossbard-Shechtman, Amyra (1984a), «A Theory of Allocation of Time in Markets for Labor and Marriage», *Economic Journal* 94: 863-882.

Grossbard-Shechtman, Amyra (1984b), «Review of Guttentag and Secord's Too Many Women», *Sociology and Social Research* 68: 390-391.

Grossbard-Shechtman, Amyra (1985*a*), «Sex Ratios, Marriage Markets and Female Labor Force Participation». Paper presentado en Population Association of America, San Francisco.

Grossbard-Shechtman, Shoshana (2001), «The New Home Economics at Columbia and Chicago», *Feminist Economics* 7 (3): 103-130.

Lemennicier, Bertrand (1988), *Le marché du mariage et de la famille*, París: Presses Universitaires de France.

Mincer, Jacob (1962), «Labor Force Participation of Married Women: a Study of Labor Supply», en H. Gregg Lewis (ed.), *Aspects of Labor Economics*, Princeton, NJ: Princeton University Press.

Mincer, Jacob (1963), «Market Prices, Opportunity Costs, and Income Effects», en C. Christ (ed.), *Measurement in Economics*, Stanford, CA: Stanford University Press.

Mincer, Jacob (1993), *Studies in Labor Supply, Collected Essays of Jacob Mincer*, vol. 2, Aldershot, Reino Unido: Edward Elgar.

Mincer, Jacob (2014), *Memoirs and Wartime Letters of Jacob Mincer*. Compilado y diseñado por Deborah Mincer y Nina Sussman. Autoeditado por blurb.com.

Papps, Ivy (1980), *For Love or Money: A Preliminary Economic Analysis of Marriage and the Family*. Hobart Paper 86, Londres: Institute of Economic Affairs.

Teixeira, Pedro (2007), *Jacob Mincer, a founding father of Modern Labor Economics*, Oxford University Press.

Teixeira, Pedro (2021), «The Columbia Labor Workshop – The Rise and Decline of an Intellectual Community», *Revue d'Économie Politique* 131 (4): 665-691.

5. Bibliografía

Lista de publicaciones de Shoshana Grossbard, incluyendo algunas que aparecieron con los nombres de Amyra Grossbard, Amyra Grossbard-Shechtman (1978-1992) y Shoshana Grossbard-Shechtman (1993-2004). Algunos títulos de publicaciones van seguidos del número de citas entre paréntesis (citas obtenidas de Google Scholar, GS, 14 de diciembre de 2024).

A) *Publicaciones con el nombre de Amyra Grossbard*

Amyra Grossbard, «An Economic Analysis of Polygamy—The Case of Maiduguri», *Current Anthropology* 17 (4), diciembre 1976: 701-707 (187).

Amyra Grossbard, *The Economics of Polygamy*. Ph. D. Dissertation, University of Chicago, 1978.

Amyra Grossbard, Reseña de *Microeconomics and Human Behavior: Toward a New Synthesis of Economics and Psychology* de David A. Alhadeff, *Journal of Economic Literature* 21, 1983.

Amyra Grossbard, Reseña de *The Law and Economics of Marriage and Divorce* de Antony W. Dnes y Robert Rowthorn, *Journal of Economic Literature*, 41 (4), 2003.

B) *Publicaciones con el nombre de Amyra Grossbard-Shechtman*

Amyra Grossbard-Shechtman, «Towards a Marriage between Economics and Anthropology and a General Theory of Marriage», *American Economic Review* 68: 33-37, mayo 1978 (100).

Amyra Grossbard-Shechtman, «The Economics of Polygamy», en J. DaVanzo y J. Simon (eds.), *Research in Population Economics*, vol. II, Greenwich, Connecticut: JAI Press, 1980 (86).

Kingsley Davis y Amyra Grossbard-Shechtman, *How Mother's Age and Circumstances Affect Children*. Final report to National Institute for Child Health and Development, 1980 (11).

A. Grossbard-Shechtman, «Gary Becker's Theory of the Family—Some Interdisciplinary Considerations», *Sociology and Social Research* 66 (1), 1981: 1-11.

Amyra Grossbard-Shechtman, «A Market Theory of Marriage and Spouse Selection», Population Association of America, marzo 1981.

David M. Heer y Amyra Grossbard-Shechtman, «The Impact of the Female Marriage Squeeze and the Contraceptive Revolution on Sex Roles and the Women's Liberation Movement in the United States, 1960 to 1975», *Journal of Marriage and the Family,* febrero 1981 (235).

Amyra Grossbard-Shechtman, «A Theory of Marriage Formality: The Case of Guatemala», *Economic Development and Cultural Change* 30 (4), julio 1982: 813-830 (53).

Amyra Grossbard-Shechtman, «On the Role and Determinants of Bride Price: Comment», *Current Anthropology,* marzo 1983 (37).

Amyra Grossbard-Shechtman, «A Market Approach to Intermarriage», *Papers in Jewish Demography,* Institute of Contemporary Jewry, Jerusalén, 1983 (15).

Amyra Grossbard-Shechtman, «A Theory of Allocation of Time in Markets for Labor and Marriage», *Economic Journal* 94 (4), diciembre 1984: 863-882 (379).

Kingsley Davis en asociación con Amyra Grossbard-Shechtman (eds.), *Contemporary Marriage: Comparative Perspectives on a Changing Institution,* Nueva York: Russell Sage Publications, 1985 (125).

Amyra Grossbard-Shechtman, «Sex Ratios, Marriage Markets and Female Labor Force Participation». Paper presentado en Population Association of America 1985 (14).

Amyra Grossbard-Shechtman y Shoshana Neuman,«Female Labor Supply and Marital selection, Theory and Application to Israeli Data». Discussion Paper n.° 1-85. The Pinhas Sapir Center for Development, Tel-Aviv University, 1985.

Amyra Grossbard-Shechtman, «Marriage and Productivity: An Interdisciplinary Analysis», en B. Gilad y S. Kaish (eds.), *Handbook of Behavioral Economics,* vol. 4, Greenwich: JAI Press, 1986 (31).

Amyra Grossbard-Shechtman y Shoshana Neuman,«Economic Behavior, Marriage and Religiosity», *Journal of Behavioral Economics* 15, 1986: 71-85 (37).

Amyra Grossbard-Shechtman, «Economic Behavior, Marriage and Fertility: Two Lessons from Polygyny», *Journal of Economic Behavior and Organization,* diciembre 1986 (28).

Eliezer Ben-Rafael y Amyra Grossbard-Shechtman, «Female Work and Leadership in the Kibbutz: Some Empirical Tests», en L. Shamgar-Handelman y R. Palomba (eds.), *Al-*

ternative patterns of Family Life in Modern Societies, Roma: IRP, 1987.

Amyra Grossbard Shechtman y Shoshana Neuman, «Women's Labor Supply and Marital Choice», *Journal of Political Economy* 1988 (172).

Amyra Grossbard-Shechtman y Shoshana Neuman, «Cross-Productivity Effects of Education and Origin on Earnings–Do They Really Reflect Productivity?», en R. Frantz, J. Gerber y H. Singh (eds.), *Handbook of Behavioral Economics*, vol. v, JAI Press, 1990 (26).

Amyra Grossbard-Shechtman, Dafna Izraeli y Shoshana Neuman, «When Do Spouses Support a Career: A Human Capital Analysis of Israeli Managers and Their Spouses», *Journal of Socio-Economics* 23, 1994: 149-167 (22).

Amyra Grossbard-Shechtman, «Virtue, Work and Marriage», en S. Maital (ed.), *Applied Behavioral Economics*, Wheatsheaf & NYU Press, 1988.

A. Grossbard-Shechtman, Reseña de *Guttentag and Secord's Too Many Women, Sociology and Social Research* 68, 2002: 390-391.

C) *Publicaciones con el nombre de Shoshana Grossbard-Shechtman*

Shoshana Grossbard-Shechtman, *On the Economics of Marriage*, Boulder, CO: Westview Press, 1993. Reimpreso en 2019 por Routledge (541).

Shoshana Grossbard-Shechtman y Michael Keeley, «A theory of divorce and labor supply», en S, Grossbard-Shechtman, *On the Economics of Marriage*, Boulder: Westview Press, 1993.

S. Grossbard-Shechtman, Reseña de *The law and economics of marriage and divorce*,
Journal of Economic Literature 41 (4): 1309-1311.

S. Grossbard-Shechtman, *Spousal support as spousal worker severance pay*, 1994. <https://static1.squarespace.com/static/59af966b49fc2bd0f750a72a/t/5d1cc9676136a80001f71167/1562167656284/ severance+1994.pd>.

S. Grossbard-Shechtman, «Do not sell marriage short: Reply to Strober», *Feminist Economics* 1 (1), 1995: 207-214.

Shoshana Grossbard-Shechtman, «Marriage Market Models», en M. Tommasi y K. Ierulli (eds.), *The New Economics of Hu-*

man Behavior, Cambridge, Reino Unido: Cambridge University Press, 1995 (61).

Shoshana Grossbard-Shechtman, Evelyn Lehrer y J. William Leasure, «Comment on "A theory of the value of children"», *Demography* 33, 1996: 133-136 (35).

Shoshana Grossbard-Shechtman y C. W. J. Granger, «Women's Jobs and Marriage, Baby-Boom versus Baby-Bust», *Population* 53, septiembre 1998: 731-752 (en francés), o Working Paper 96-03, UCSD; o «Marriage Market Imbalances and the Changing Economic Roles of Women», mimeo, abril 1997; o «The Baby-Boom and Time Trends in Female Labor Force Participation». Paper presentado en Annual Meetings of the American Economics Association, enero 1994 (41).

Shoshana Grossbard-Shechtman, «An Integrated Analysis of Labor and Marriage and Explanation of Black/White Differences in Marriage, Labor and Welfare Participation». Paper presentado en *Conference on Economics and Sociology in Honor of Gary Becker and James Coleman,* San Diego, julio 1995.

Shoshana Grossbard-Shechtman y Matthew Neideffer, «Women's Hours of Work and Marriage Market Imbalances», en Inga Persson y Christina Jonung (eds.), *Economics of the Family and Family Policies,* Londres: Routledge, 1997 (65).

Shoshana Grossbard-Shechtman y Shoshana Neuman, «The Extra Burden of Moslem Wives: Clues from Israeli Women's Labor Supply», *Economic Development and Cultural Chang* 46, 1998: 491-518 (50).

S. Grossbard-Shechtman y Bertrand Lemennicier, «Marriage Contracts and the Law-and-Economics of Marriage: an Austrian Perspective», *Journal of Socio-Economics,* 28, 1999: 665-690 (49).

S. Grossbard-Shechtman, «The New Home Economics at Columbia and Chicago», *Feminist Economics* 7(3), 2001: 103-130.

S. Grossbard-Shechtman, «The economics and sociology of marriage: historical trends and theories of In-Marriage Household Labor», en Shoshana Grossbard-Shechtman y Christopher Clague (eds.), *On the Expansion of Economics,* Armonk, NJ: M. E. Sharpe. 2001.

Shoshana Grossbard-Shechtman, «David Heer: An Interview», en Shoshana Grossbard-Shechtman y Christopher Clague (eds.), *On the Expansion of Economics,* Armonk, NJ: M. E. Sharpe, 2001.

Shoshana Grossbard-Shechtman y Christopher Clague (eds.), *On the Expansion of Economics.* Armonk, NJ: M. E. Sharpe. 2001 (20).

Shoshana Grossbard-Shechtman y Christopher Clague (eds.), número especial sobre «Economic Development and Cultural Institutions», *Annals of the American Academy of Political and Social Science* 573, 2001.

Grossbard-Shechtman, Shoshana y Christopher Clague, «Symposium on the Reorientation of Economics: What is Economics?», *Journal of Socio-Economics* 30 (1), 2001: 1-6.

Grossbard-Shechtman, S., Olivia Ekert-Jaffe y Bertrand Lemennicier, «Property Division at Divorce and Demographic Behavior: An Economic Analysis and International Comparison». Paper presentado en Annual Meetings of the American Economics Association, enero 2002.

Shoshana Grossbard-Shechtman y Xuanning Fu, «Women's Labor Force Participation and Status Exchange in Intermarriage: An Empirical Study in Hawaii», *Journal of Bioeconomics* 4 (3), 2002: 241-268 (29).

Shoshana Grossbard-Shechtman, «A Consumer Theory with Competitive Markets for Work in Marriage», *Journal of Socio-Economics* 31(6), 2003: 609-645; o «Why Women May be Charged More at the Cleaners: A Consumer Theory with Competitive Marriage Markets». Center for Public Economics Working Paper 99-01, San Diego State University (68).

S. Grossbard-Shechtman, «Biology versus Economics and Culture in Research on the Family», *Journal of Bioeconomics* 4-3, 2003: 191-194.

Shoshana Grossbard-Shechtman y Shoshana Neuman, «Marriage and Work for Pay», en Shoshana Grossbard-Shechtman (ed.), *Marriage and the Economy: Theory and Evidence from Advanced Industrial Societies,* Nueva York y Cambridge: Cambridge University Press, 2003 (30).

S. A. Grossbard-Shechtman. «A model of labor supply and marriage». Paper presentado en Annual Meetings of the American Economic Association in New Orleans, enero.

Shoshana Grossbard-Shechtman (ed.), *Marriage and the Economy.* Cambridge y Nueva York: Cambridge University Press, 2003 (incluye mi capítulo introductorio); edición china publicada por Shanghai University of Finance and Economics Press en 2005 (102).

Shoshana Grossbard-Shechtman, «Introduction to Special Issue on household and gender economics», *Journal of Socio-Economics* 31, 2002: 1-2.

Shoshana Grossbard-Shechtman, «A model of labor supply, household production and marriage», en Tran Van Hoa (ed.), *Advances in Household Economics,* Aldershot: Ashgate, 2005; ebook publicado por Routledge en 2016; también, «A model of labor supply and marriage». Paper presentado en AEA meetings, 2001.

S. Grossbard-Shcechtman y C.W. J. Granger, «Marriage market imbalances and the changing economic roles of women». Paper inédito.

S. Grossbard-Shechtman, «A Demographer on the Cusp Between Economics and Sociology: An Interview with David Heer», en Shoshana Grossbard-Shechtman y Christopher Clague (eds.), *On the Expansion of Economics,* Armonk, NJ: M. E. Sharpe, 2001, pp. 206-214.

Shoshana Grossbard-Shechtman, «Competitive Marriage Markets and Jewish Law». Working Paper, Research Center on Jewish Law and Economics, Department of Economics, Bar-Ilan University.

D) *Publicaciones con el nombre de Shoshana Grossbard*

Shoshana Grossbard, «Irma Adelman: a pioneer in the expansion of economics», *Feminist Economics* 8 (1), 2002: 101-116.

Shoshana Grossbard y Ronald Mincy, «Markets for Co-Parenting and Family Structure». Paper presentado en McArthur Network on Family and Economy, noviembre 2003 (12).

Shoshana Grossbard, «Women's Labour Supply, Marriage and Welfare Dependency», *Labour* 19, 2005: 211-241 (11).

Ronald Mincy, Shoshana Grossbard y Chien-Chung Huang, «An Economic Analysis of Co-Parenting Choices: Single Parent, Visiting Father, Cohabitation, Marriage», abril-mayo 2005 <http://ideas.repec.org/p/wpa/wuwpla/0505004.html>.

Shoshana Grossbard, *Jacob Mincer: A Pioneer of Modern Labor Economics,* Nueva York: Springer, 2006 (43).

Shoshana Grossbard, «The New Home Economics at Columbia and Chicago», en Shoshana Grossbard (ed.), *Jacob Mincer: A Pioneer of Modern Labor Economics,* Nueva York: Springer, 2006 (13).

Shoshanna Grossbard, «Competitive Marriage Markets and Jewish Law», en Carmel U. Chiswick y Tikva Lecker con Nava Kahana (eds.), *The Economics of Judaism and Jewish Human Capital,* Ramat-Gan, Israel: Bar Ilan University Press, 2006.

Shoshana Grossbard, «Repack the Household: A Comment on Robert Ellickson's "Unpacking the Household"», *Yale Law Journal Pocket Edition,* abril 2007, en <http://yalelawjournal.org/2007/04/16/grossbard.html>.

Shoshana Grossbard y Catalina Amuedo-Dorantes (o con los nombres de las autoras en orden inverso), «Marriage Markets and Women's Labor Force Participation», *Review of Economics of the Household* 5, 2007: 249-278; o versiones anteriores: Working Paper 0013, San Diego State University, Department of Economics, 2005; «Cohort-level sex ratio effects on women's labor force participation», IZA Discussion Paper 2722, 2007 (123).

Shoshana Grossbard y Lisa Jepsen, «The economics of gay and lesbian couples: Introduction to a special issue on gay and lesbian households», *Review of Economics of the Household* 6 (4), 2008: 311-325 (32).

David Bishai y Shoshana Grossbard, «Far Above Rubies: The Association between Bride Price and Extramarital Sexual

Relations in Uganda». Working Paper 2006; o IZA Paper 2007; o *Journal of Population Economics* 23 (4), septiembre 2010: 1177-1187 (86).

Shoshana Grossbard, José Ignacio Giménez y José Alberto Molina, «Racial Intermarriage and Household Production», *Review of Behavioral Economics* 1 (4), 2014: 295-347; o «Racial Discrimination and Household Chores». IZA Discussion paper n.° 5345, 2010 (39).

Shoshana Grossbard, «Independent Individual Decision-Makers in Household Models and the New Home Economics», en J. Alberto Molina (ed.), *Household Economic Behaviors*, Nueva York: Springer, 2011; e IZA Discussion paper n.° 5138, 2010 (70).

Catalina Amuedo-Dorantes, Jens Bonke y Shoshana Grossbard, «Income Pooling and Household Division of Labor: Evidence from Danish Couples». IZA Discussion Paper n.° 5418, enero 2011 (35).

Shoshana Grossbard y Sankar Mukhopadhyay, «Spousal Love and Children: an Economic Analysis», *Review of Economics of the Household* 11 (3), septiembre 2013: 447-467; o «Children, Spousal Love, and Happiness: An Economic Analysis» (27).

Shoshana Grossbard y V. Vernon, «Common law marriage and couple formation», *IZA Journal of Labor Economics,* 2014.

Shoshana Grossbard, *The Marriage Motive: A Price Theory of Marriage: How Marriage Markets Affects Employment, Consumption, and Savings,* Nueva York: Springer, 2015 (106).

S. Grossbard, «How economists think about marriage: household division of labor and marriage markets (aka Hedonic marriage markets and the prevalence of male-breadwinner households)», en E. Redmount (ed.), *Family Economics: How the Household Impacts Markets and Economic Growth,* Santa Bárbara: ABC-CLIO, 2015.

Shoshana Grossbard, *The Economics of Marriage,* The International Library of Critical Writings in Economics, Edward Elgar, 2015 (22).

Shoshana Grossbard, «Sex Ratios, Polygyny, and the Value of Women in Marriage—A Beckerian Approach», *JODE - Jour-*

nal of Demographic Economics, Cambridge University Press, 81 (1), marzo 2015: 13-25 (16).

Shoshana Grossbard y V. Vernon, «Common Law Marriage and Teen Births», *Journal of Family and Economic Issues,* 2016.

S. Grossbard, «An extended household model of elder care by children and children-in-law based on Far-Eastern traditions», *Review of Development Economics* 22 (3), agosto 2018: 1022-1038; también, «Modeling Eldercare by Children and Children-in-Law: The Role of Marriage Institutions». Asian Development Bank and ADBI Working Paper.

H. Alshaikhmubarak, R. R. Geddes y S. Grossbard, «Single Motherhood and the Abolition of Coverture in the United States», *Journal of Empirical Legal Studies,* 2019. Wiley Online Library (25).

Olivia Ekert-Jaffe y Shoshana Grossbard, «Does community property discourage unpartnered births?», *European Journal of Political Economy* 24 (1): 25-40 (15).

Enrica Croda y Shoshana Grossbard, «Women pay the price of COVID-19 more than men», *Review of Economics of the Household* 19, 2021: 1-9 (58).

Ainoa Fenoll Aparicio y S. Grossbard, «Intergenerational Residence Patterns and COVID-19 Fatalities in the EU and the US», *Economics & Human Biology* 39, 2020, 100934. IZA Discussion Paper n.º 13452 (68).

Shoshana Grossbard, Tansel Yilmazer y Lingrui Zhang, «The Gender gap in citations: lessons from Demographic Economics journals», *Review of Economics of the Household,* 19 (3), septiembre 2021: 677-697 (27).

Shoshana Grossbard y Alfredo M. Pereira, «Will Women Save more than Men? A Theoretical Model of Savings and Marriage». CESifo Working Paper n.º 3146, agosto 2010; también publicado como capítulo en *Marriage and the Economy* (28). Apareció, asimismo, con el título «Savings and Economies of Marriage: Intra-Marriage Financial Distributions as Determinants of Savings». Department of Economics, College of William and Mary Working Papers

Shoshana Grossbard, «How "Chicagoan" are Gary Becker's Economic Models of Marriage?», *Journal of the History of*

Economic Thought 32 (3), septiembre 2010: 377-395; ver también: «Becker's intellectual leadership in the theory of marriage», Ms, S Diego State University, 2004; «The Shrinking Role of Demand and Supply Models in Gary Becker's Theory of Marriage», San Diego, CA: San Diego State University, 2006 (26).

Shoshana Grossbard, «Marriage and Marriage Markets», en *The Oxford Handbook of Women and the Economy,* 2018; o IZA Discussion Paper n.º 10312, 2016 (15).

S. Grossbard y V. Vernon, «Common law marriage and couple formation», *IZA Journal of Labor Economics* 3, 2014: 1-26 (13).

Shoshana Grossbard, «A Note on altruism and caregiving in the family: do prices matter?», *REHO,* 2014 (13).

Olivia Ekert-Jaffe y Shoshana Grossbard, «Time cost of children as parents' foregone leisure», *Mathematical Population Studies* 22 (2), abril 2015: 80-100 (11).

Shoshana Grossbard y Sankar Mukhopadhyay, «Marriage markets as explanation for why heavier people work more hours», *IZA Journal of Labor Economics* 2017; también, S. A. Grossbard y S. Mukhopadhyay, «Body-Weight and Women's Hours of Work: More Evidence That Marriage Markets Matter», papers.ssrn.com (8).

S. Grossbard, «Household economics», en J. D. Wright (ed.), *International Encyclopedia of the Social & Behavioral Sciences,* 2.ª edición, Oxford: Elsevier, 2015, pp. 224-227.

S. Grossbard, «An economist's perspective on polygyny», en J. Bennion y L. F. Joffe (eds.), *The polygamy question,* Boulder: University of Colorado Press, 2016, pp. 103-114.

S. Grossbard y V. Vernon, «Common Law Marriage, Labor Supply, and Time Use: A Partial Explanation for Gender Convergence in labor supply», *Research in Labor Economics,* «Gender Convergence in the Labor Market», 41, 2015: 143-175.

Ainoa Aparicio y Shoshana Grossbard, «Later onset, fewer deaths from COVID», *Pathogens and Global Health* 115 (1), noviembre 2020: 1-3.

Ainoa Aparicio y Shoshana Grossbard, «Are COVID fatalities in the US higher than in the EU, and if so, why?», *REHO* 19 (2), 2021: 307-326 (15).

S. Grossbard, L. Mangiavacchi, W. Nilsson y L. Piccoli, «Spouses' earnings association and inequality: A non-linear perspective», *The Journal of Economic Inequality*, 2022; también, «Spouses' income association and inequality: a non-linear perspective». Human Capital and Economic Opportunity Working Group Working Papers.

Shoshana Grossbard y Elena Stancanelli. «Whose Time? Who Saves? Introduction to a special issue on savings, time use, and children», *REHO* 8 (3): 289-296.

Grossbard, Shoshana, «Women's neoclassical models of marriage, 1972-2015», en Robert W. Dimand y Kirsten Madden (eds.), *The Routledge Handbook of the History of Women's Economic Thought*, Londres: Taylor & Francis Publishing Group, 2019.

Shoshana Grossbard, «*Polygamy is Bad for Women*», *N.Y. Times: Room for Debat*, 17 diciembre 2013, 6:39 PM, <http://www.nytimes.com/roomfordebate/2013/12/17/should-plural-marriage-be-legal/polygamy-is-bad-for-women>.

Shoshana Grossbard, «Polygamy and the regulation of marriage markets», en J. Bennion y L. F. Joffe (eds.), *The Polygamy Question*, Logan: Utah State University Press, 2015.

S. Grossbard, «Household economics», en J. D. Wright (ed.), *International Encyclopedia of the Social & Behavioral Sciences*, 2.ª edición, Oxford: Elsevier, 2015, pp. 224-227.

S. Grossbard, «Modeling Intimate Partner Violence with Home Production, Marriage Markets and Male Domination». Working Paper 2020/3/31.

Shoshana Grossbard y Victoria Vernon, «Do immigrants pay a price when marrying natives? Lessons from the US time use survey», *IZA Journal of Development and Migration* 11, enero 2020: 16.

A. H. Beller y S. Grossbard, «Household economics and women in economics: Lessons from Columbia and Chicago». Paper presentado en el congreso de la SEHO de Lisboa, revisado en octubre de 2019.

C. Bansak, S. Grossbard y C. H. P. Wong, «Mothers' Caregiving During COVID: The Impact of Divorce Laws and Homeownership on Women's Labor Force Status», IZA Discussion Paper n.º 14408; *Economics & Human Biology* 47, 2021: 101170.

S. Grossbard y Lorena Hakak, «A Model of Demand for Health and Caregiving Incorporating Marriage Markets», 2023/5/1, *AEA Papers and Proceedings* vol. 113, 2023: 623-626. Ver también S. A. Grossbard, «Adding Grossbard to Grossman: A Model of Demand for Health with Household Production and Marriage Markets». ISFE at University of Kentucky Working Paper 48.

S. Grossbard, «How Economists think about marriage: household division of labor and marriage markets», en S. Grossbard y C. Phelps, *Women's neoclassical models of marriage, 1972–2015. Routledge Handbook of the History of Women's Economic Thought,* pp. 442-454.

S. Grossbard, «Modeling intimate partner violence with home production, marriage markets and male domination». Working Paper.

S. Grossbard, «A consumption theory with competitive markets for work-in-household», en *The Marriage Motive: A Price Theory of Marriage: How Marriage Markets Affects Employment, Consumption, and Savings,* Nueva York: Springer, 2015.

Andrea H. Beller, A. Fava, S. Grossbard y M. Idmansour, «Women, Economics, and Household Economics: The Relevance of Workshops founded by Nobel Laureate Gary Becker, and of Jacob Mincer», *Journal of Family and Economic Issues* 45 (3), 2024: 485-503.

S. Grossbard, «Abortions and extra male births», *Review of Economics of the Household* 22 (4), 2024: 1515-1516.

ECONOMICS OF THE FAMILY.
A MULTIDISCIPLINARY APPROACH

SHOSHANA GROSSBARD

Thanks

I want to start by thanking the economist Jose Alberto Molina for working on a number of projects with me, and now honoring me with this doctorate Honoris Causa. Also for his role, together with sociologist Carmen Elboj for his role as godfather and godmother of this solemn ceremony. I would also like to thank the Institute for Research in Employment, Digital Society and Sustainability (IEDIS) for having submitted the proposal for approval by the University of Zaragoza and all the members who, in one way or another, have supported this appointment. Thank you very much. It is very well appreciated.

I also thank my late parents Henry and Anna Grossbard, my husband Robert Yaronne, my children Michal, Zev, Chaim and Esther Shechtman, my colleagues and friends, and all those who have been kind and helpful to me over the years. The list is too long to mention here, but particularly warm thanks are due to the late Theodore W. Schultz, the late Bertrand Lemennicier, the late Clive Granger, the late Jack Hirshleifer, the late Ed Lazear, past co-authors Shoshana Neuman, Olivia

Ekert-Jaffe and Catalina Amuedo-Dorantes, and Victoria Vernon, and recent co-authors Andrea Beller, Charles Horioka and Lingrui Zhang.

1. Economics of Marriage and the Family

The "Economics of Marriage and the Family" is the main topic on which I have been writing. I started my research on this theme in 1974, more than fifty years ago. At that time the study of marriage and the family universities was still considered to be the exclusive domain of sociologists, psychologists, social work scholars, and related scholars.

Economists Gary Becker and Jacob Mincer had already entered this field of research, but their impact was not yet felt outside their inner circle. They became economists of the family in the early 1960s, when they were both professors of economics at Columbia University in New York City as well as researchers associated with the National Bureau of Economic Research (NBER) then located in New York.

An interesting question is who played the major role in the birth of this new field of economics: Becker or Mincer? Mincer and Becker have expressed different points of view on this question, and I have been honored with learning about these points of view and getting to know both men well enough to be exposed to their reactions on how I interpreted the information that I had gathered. I have also interviewed many of the students of Becker and Mincer at Columbia (some more than once), I published an article about it in *Feminist Economics* in 2001, and have a few publications with Columbia-trained economist of the family Andrea Beller and others on the early years of the Neoclassical Household Economics

Jacob Mincer December 1998.
Credit: Photo by Alvin Ziontz

Gary Becker. Year unknown.
Found on the internet

(Beller and Grossbard 2019, Grossbard and Beller 2022, Beller et al. 2024).

I heard Mincer's account of how he became interested in economics of the family directly from him, in a conversation that could be labeled an informal interview. He told me that in the 1950s and early 1960s he was doing research on the determinants of women's labor force participation and hours of work in the labor force. He had become aware of trade-offs between women's labor supply and work in household production while raising three young children with his wife Flora, a radiologist working at a New York hospital.[1] Up to that point trade-offs between work in the labor force and in the household had not been integrated within econometric analyses of women's labor supply. The turning point occurred when

[1] Becker's wife at the time was a stay-at-home mom.

in 1960, at an NBER conference about women's labor supply held in New York, he presented his analysis of women's labor supply that integrated considerations related to household production. His presentation was followed by an enthusiastic round of applause. Consequently, he published Mincer (1962) based on that presentation.[2]

In 2001, soon after I published Mincer's account in "The New Home Economics at Columbia and Chicago" in *Feminist Economics* (Grossbard-Shechtman 2001), I was told by James J. Heckman that Becker was upset about my article in which I followed Mincer in presenting him as the main father of economics of the family. Heckman, by then a colleague of Becker at Chicago, and previously a colleague of Mincer at Columbia, pointed out that Becker (1960), "An Economic Analysis of Fertility," is the first publication of an economic analysis of a household decision pertaining to family studies. I was very disturbed hearing from Heckman that Becker was upset with me. By 2002 Becker personally communicated to me how unhappy he was with the account of the birth of modern household economics that I published in Grossbard-Shechtman (2001). I promised him that I would publish a revised account giving both Becker and Mincer the honor of having created the new field of economics of the family. In my book about Jacob Mincer (Grossbard 2006), I write that Becker and Mincer both founded Neoclassical household economics. Now, in 2025, many years after both Mincer (d. 2006) and Becker (d. 2015)

---

2   Pedro Teixeira interviewed him a few years later and reports a very similar account (Teixeira 2007).

passed away, I am revisiting the question "who is the main originator of this important field in economics"?

This remains an emotionally loaded issue for me, due in part to the following circumstances.

Getting to know Becker, Heckman and Mincer. Being a young unattached woman studying for a doctorate in economics at the University of Chicago in the 1970s was both intimidating and challenging. I was often the only woman in the classroom and the only female role model on the faculty was Mary J. Bowman, an education economist who chose to continue to teach even though she was past retirement age. Every professor I invited to serve on my dissertation committee seemed eager to accept the invitation, so that committee was initially composed of top economists Gary Becker, James J. Heckman and Edward Lazear. The first two eventually were awarded the Nobel prize in economics. Lazear earned other honors and died too young to get the Nobel prize. It was thrilling to discuss ideas with these brilliant and highly successful men who were genuinely interested in the topic of my dissertation: the economics of polygamy.

One quarter, when I was still in the beginning stages of my doctoral research, Jacob Mincer came to visit the economics department and taught a labor economics class I signed up for. He taught mostly labor economics, but I got a chance to talk to him and discover that his personal history shared many common features with that of my father I was very close to. Both men were born Jewish in Poland between the two world wars. They had gone to public schools there. They had a similar handwriting and remained fluent in Polish. A slight Polish accent could be detected in Mincer's English and my father's French. They had experienced some of the antisemitism prevailing in Poland at the time. Both left

Poland before the nazi Germans invaded the country (Mincer for the Tchek republic and my father for Belgium). This migration did not protect them against the evils of the holocaust, as the nazi armies invaded both countries they had escaped to. By the end of World War II both had to cope with having lost parents and siblings in the gas chambers that the nazi Germans had built all over Poland.[3]

In part as a result of these common traits that Jacob Mincer shared with my father, we developed a strong friendship and his family became a bit of my own family. Jacob and his wife Flora opened their New York home to me, and I frequently visited them during my sabbatical at Columbia University in 2001–2002, after I had graduated in 1978 and worked at a few jobs. I kept in touch with Flora, his widow, after Jacob died. I am still in touch with his daughters. I cherish the following dedication to one of his books (Mincer 1993) in which he collected his publications on labor supply of women.

In contrast to this warm relationship with Jacob Mincer, my relationship with my thesis advisor Gary Becker was at the minimum of cordiality needed to work with him and get his approval on my dissertation. I felt that he does not like me, and if that was the case, I don't know why. A fellow student later told me that he heard me scream at Becker. I don't recall that, but I was certainly frustrated when in 1976 I was on the job market and did not get job offers. I shared the common students' perception that

---

3 See Mincer (2014) for his own account of his holocaust experiences. Compiled and designed by his daughter Deborah Mincer and grand-daughter Nina Sussman. Self-published by blurb.com.

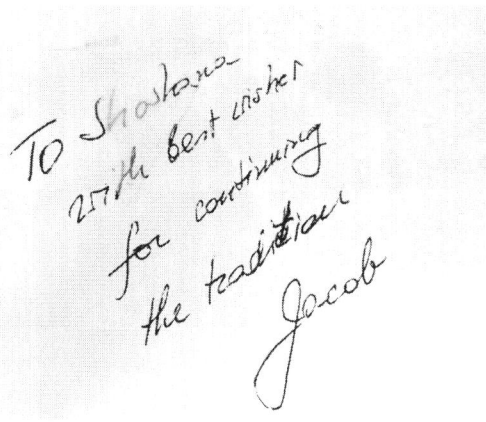

To Shoshana
with best wishes
for continuing
the tradition
Jacob

their advisors would help them get job offers, and I was surrounded by fellow students who had nice jobs lined up (especially the men who were advised by James J. Heckman who by then had dropped out my dissertation committee). It could be that my frustration led me to scream at Becker.

Back to the question: who is the main founder of Neoclassical Household economics? Becker is the first who published an article in household economics, Becker (1960) which contains an economic analysis of fertility that he had presented at an NBER conference held at Princeton University in New Jersey in 1960 and dealing with demographic and economic change in developed countries. So which 1960 NBER presentation was more central to the birth of neoclassical household economics: Becker's on fertility or Mincer's on married women's labor supply?

A close look at the two papers indicates that Becker's publication, an economic analysis of fertility, does not reveal much of an emphasis on integrating household production into more standard economic analysis. In the same 1960 NBER volume Becker's discussant at the Princeton conference, the late James Duesenberry, then at Harvard University, wrote:

> The essence of Becker's theory of the demand for children can be reduced to two propositions. First, as family income increases, parents will provide their children with a higher level of living. Second, as income increases, parents will probably increase the number of children which they demand.

My comments will strongly concur with the first proposition, but will question the second. In his economic theory, Becker treats children like consumer durables. His justification for treating children in this fashion is that, like automobiles, children are a source of utility and require a considerable outlay of expenditures. It is then contended that the nature of the demand for children is similar to that for automobiles—higher income families demand more automobiles and better-quality automobiles; similarly, they demand more children and spend more per child. In his analysis, Becker distinguishes two components in the expenditures on a child. The first relates to the size and nature of the basket of goods and services which the child consumes. The second relates to the prices of the goods and services which the child consumes. Expenditures per child can change either because of a change in the composition of the child's consumption basket, or because of a change in the prices of the components of the basket.

Becker equates the additional utility received by the parents resulting from an increase in expenditures of the first kind, i.e., expenditures directed toward an improvement in the composition of the basket, with the increase in the "quality" of the child. Such expenditures shall be referred to as quality expenditures. Becker defines a change in expenditures per child resulting simply from a change in the prices of one or more components of the basket, that is, the second kind of change, as a change in the "cost" of a child. Thus, in Becker's framework, the concept of a change in the cost of a child is a very narrow one. It refers only to a change in expenditures per child, where the child continues to consume a fixed basket of goods and services. A word of caution is necessary here. Becker has related quality expenditures to the amount of utility that children provide for their parents.

With the perspective of distance from these historical events, Mincer's paper on women's labor supply presented at the other 1960 NBER conference appears more innovative than Becker's 1960 NBER conference paper on fertility. How important is the fact that Becker's 1960 NBER paper on fertility got immediately published in an NBER book (Becker 1960), and that Mincer's NBER paper on married women's labor supply got published two years later in a volume edited by H. Gregg Lewis (Mincer 1962)? I see the two years separating the publication dates more as a function of the fact that Becker, not Mincer, was the director of the NBER at the time. In my view, more than Becker, it was Mincer who introduced household production in neoclassical economic analyses of decisions made by households.

To add to the confusion, in the years immediately following the presentation of their 1960 NBER conference papers both Mincer and Becker published important articles that integrated the theme of household production into the economic analysis of many household decisions. Their key articles are Mincer (1963) and Becker (1965). The articles are very similar in the central ideas they present. Both address the connections between household production and women's labor supply, household consumption, investments in children's human capital, fertility and commuting. Many readers at the time may have been impressed with Becker's (1965) more elegant mathematical presentation and the fact that his comprehensive analysis appeared in a top journal, the *Economic Journal*, while Mincer (1963) was published in another edited book, this time edited by Carl Christ.

To contemporary economists eager to give the credit where it is due, these considerations seem to be of minor importance. Other pioneering articles in household economics that the founders of neo-classical household economics[4] published a bit later include (in the case of Mincer) Mincer and Polachek (1974) and Mincer and Ofek (1978), and (in the case of Becker), Becker (1967), Becker (1973, 1974), Ghez and Becker (1975), Becker and Tomes (1976), and Becker, Landes, and Michael (1977). I belong to a group of economists who differ from the judgement of the Nobel prize committee who awarded its prize only to Becker, in 1992, giving him credit for his contributions to economics of the family. Mincer did not get this kind of recognition from the Nobel committee. So far, this group has been quiet. I am glad to have this opportunity to state my opinion clear and loud.

By 1974, outside observers noted that a new field of economics was born. One of them is Marc Nerlove, who called the new field "the *New Home Economics*", in view of its emphasis on home production as a factor influencing labor supply, consumption and many other decisions at the center of neoclassical economics.

---

4 I adapted the term 'neoclassical household economics' from the term 'neoclassical gender economics' introduced by Giandomenica Becchio (2020).

Workshops for graduate students in economics started by Gary Becker contributed to the growth of the new field. The first was founded at Columbia and called the Labor Workshop. It was co-directed by Jacob Mincer. The economics of marriage was one subfield of a new analytical approach within economics that analyzed decision-making within households and families. The second workshop, called Applications of Economics Workshop, was started at the University of Chicago after Becker moved there in 1970. This workshop covered a broader range of topics, including economics of crime and of politics. More information on these workshops is found below.

Economics of Marriage and the Family could have been called "Economics of Household Organization" given that it deals with the organization of household production and that the new approach emphasized the many parallels between commercial firms and households. The goal of both types of organization is to produce, with commercial firms focusing on production of commercial products and households focusing on organizing home production. The field studying how commercial firms are organized is called 'Industrial Organization'; studying the organization of households is part of household economics.

Marriage is an institution that in most societies helps organize production in multi-person households often including members of at least two generations. How marriages function affects decisions regarding everything household members do, including labor supply, consumption, reproduction, and other important decisions.

While they recognized its importance, until that point in time most economists let marriage play a small role in their research. If they included any reference to marriage, economists usually reduced marital status to the role of an exogenous control variable.

1.1. My first research on economics of marriage

When I started working on this theme as a graduate student at the University of Chicago in 1974, there were no books on the economics of marriage and the family. The first one to appear, authored by Gary Becker (1981) was a *Treatise on the Family*. Becker was the principal advisor guiding me while I wrote my dissertation on the economics of polygamy (Grossbard-Shechtman 1978). Other monographs on the economics of marriage and the family that appeared in the 1980s are Ivy Papps' (1980) *On Love and Money*, published in the United Kingdom and Bertrand Lemennicier's (1988) *Le marché du mariage et de la famille*. Becker was the driving force behind this research on the economics of marriage: Papps was also one of his doctoral students, and Lemennicier came for a postdoc at the University of Chicago before he published his book. We were all inspired by Becker's (1973, 1974) original and pioneering articles on the theory of marriage that he had published in the prestigious *Journal of Political Economy*.

I consider myself very lucky to have had this opportunity to participate in the birth of a new field of scientific inquiry. I now see that not only do I owe an intellectual debt to Gary Becker, who was the principal advisor guiding my dissertation on the economics of polygamy, but I also have to be thankful to my parents and to my grandparents I never met.

1.2. Migration from Poland to Belgium, Belgium to Israel and the Holocaust

My way to the University of Chicago and Gary Becker passes through Poland, Belgium and Israel. All my grandparents migrated from Southern Poland (the part that had been under Austrian control) to Belgium in the first quarter of the 20th century. My mother was born in Belgium, where she met my father who had immigrated as a teenager. After the nazi Germans invaded Belgium, my parents escaped to the South of France. By the time they returned from hiding, in 1945, they discovered that both their mothers had been deported to Poland and burned in Auschwitz. My grandfathers died natural deaths, and when my parents had me, they had no support from their parents and I never met any of my grandparents.

Living in the shadow of the holocaust was depressing, especially since many of the same Belgians who allowed their Jewish neighbors to be deported and killed were still around. The neighborhood grocery and baker had supposedly collaborated with the nazis. I wanted a different life and became a Zionist, i.e. I wanted to move to Israel, a state established the same year I was born and where the Jews were a majority. After one year studying economics at the Universite Libre de Bruxelles (ULB) I moved to the Hebrew University of Jerusalem. There you needed a double major, so I also enrolled in sociology, a subject I found fascinating while still in high school but I had opted for an economics major out of concern that sociology would not offer good job opportunities if I move to Israel.

At the time I had no idea that one day I would apply to US graduate schools and that my chances of being admitted to a top US university, the University of Chicago, were higher coming from the Hebrew University than from the Université Libre de Bruxelles. It turns out that many years earlier Don Patinkin, an American Chicago Ph.D. who had studied with Milton Friedman, emigrated to Israel and built an economics department at Hebrew

Theodore W. Schultz, 1902-1998; Winner of Nobel Prize in Economics in 1979

University based on the principles of Chicago economics. As a result, previous applicants from Hebrew University were very successful in their graduate studies at Chicago, and subsequent waves of Hebrew University students applying to the graduate program at the University of Chicago were given priority. When I started graduate school there in 1972, we were three students with a BA from Hebrew U. No other university in the USA or elsewhere had more than two representatives in the cohort that started that year (there were two graduates from Princeton).

Coming from Hebrew U also helped when it was time to find the right professor to supervise my doctoral dissertation. After a few months in the graduate program, I discovered that Becker was researching the economics of marriage. I hoped he would become my advisor so I could combine my interest in both economics and sociology. Having completed a BA in both fields at Hebrew University helped me become one of Becker's graduate students. My degree from Hebrew U also helped given that both Becker and Mincer had very good experiences with graduate students at Columbia who had finished their BA at Hebrew University.[5]

Studying at Chicago was expensive and when I applied for admission in graduate school I had applied for help with tuition and for a scholarship to cover costs of living. They offered tuition right away but did not offer me a scholarship. They said that if I do well in the first quarter they will offer that too. I did well but it turned out that at that point only US citizens were eligible for a scholarship. Instead, I was offered a wonderful opportunity: a paid research assistantship for emeritus professor Theodore W. Schultz. Professor Schultz was wonderful to work for. He suggested interesting readings—including of some of his own publications on human capital and economic development. We would discuss those during weekly meetings. In contrast to many of the other professors and some of the students in the economics department at the time, he was very polite and kind. For the next few years every week I looked forward to coming to his office, an oasis of kindness and respect.

Professor Schultz was very influential when it came to my choice of dissertation topic. First, at some point in my second year of studies, he recommended I attended Becker's workshop in Applications of Economics to hear a special visitor: Mary Douglas, a famous professor of social anthropology at University College in London. Douglas' presentation reported on her ethnographic research with a few tribes in Africa. It was interesting but even more interesting was her decision to learn more about the economics of human capital to better

5   Includes Reuben Gronau, Giora Hanoch, Ruth Klinow, and Yakov Parush.

understand her own findings. I thought to myself: without a background in economics, that will not be easy for her. Maybe I should look into whether I can add to the scientific understanding of the behavior of the tribes that Douglas and other anthropologists wrote about. Becker had hosted the seminar and heard her say that. After the seminar I asked him if I could take a special field in anthropology as part of my Ph.D. in economics. He presented my request to the department of economics and it was approved. I may be the only Chicago Ph.D. in economics who ever specialized in labor economics and anthropology.

I then took two courses in anthropology: one on kinship with one of top experts on American kinship at the time: David Schneider, and another on small societies in the Pacific with Marshall Sahlins who was originally an economic anthropologist but by the time I took his course he had become a cultural anthropologist and was very enthusiastic about Claude Levi-Strauss. Next, I needed to find a dissertation topic. I wanted a topic related to social anthropology and the topic had to be of interest to Gary Becker. I discovered George P. Murdock's *Atlas of World Cultures*, containing detailed information about hundreds of small societies and had a few ideas for research along lines that have recently been pursued by economists. I regularly met with Becker about these ideas, but neither he nor I were enthusiastic about these ideas and the quality of Murdock's data as basis for a dissertation in economics.

Again, T.W. Schultz saved me. He returned from a consulting job in Nigeria and told me: "Miss Grossbard, I have great data set for you. I can get you a tape with rich data on polygamous households in Maiduguri, Nigeria, that would allow you to do an econometric analysis of polygamy. I am sure Professor Becker will like that." I was not eager to work on such a topic. I knew it could be difficult to market myself as a scholar of polygamy, and another one of my advisors, James Heckman, also warned me about it. But here was a thesis I could start working on right away, and Becker encouraged me to do so. He also got me an Alfred P. Sloan Foundation Dissertation Fellowship for 1974 to 1976.

In 1976 I had completed a first draft of my dissertation. T.W. Schultz liked it very much and sent me to Professor Sol Tax in Chicago's Anthropology department, who was then the editor of a major Anthropology journal, *Current Anthropology*. My paper was accepted and published within 6 months of its submission (Grossbard 1976). Sol Tax also asked a well-known anthropologist (Ronald Cohen) and a team of sociologists writing on polygamy in Africa (Remi Clignet and Joyce Sween) to comment on my paper and gave me a chance to respond to their comments (Grossbard 1977).

In 1979, the year after I obtained my Ph.D., T.W. Schultz was awarded the Nobel prize in economics, precisely for his contributions to the study of human capital and economic development.

It was not until 1992 that Becker got the coveted prize. By then I was far from Chicago, but he arranged for me to be part of a project celebrating Becker's Nobel prize that was organized by two others of his former students: a book called *The New Economics of Human Behavior*. The editors were Mariano Tommasi, an Argentinian who had recently completed his dissertation with Gary Becker, and an American Becker student, Kathryn Ierulli. The book was eventually published by Cambridge University Press, in English in 1995, and in Spanish in 2000. In Spanish the book's title was *Economía y Sociedad,* and my chapter became "Modelos de Mercado Matrimonial."

2. What would I have done differently if I had a chance to relive some of my life of professional economist?

Here are three things I would have avoided if I would start again:
1) changing my name so many times
2) being passive when professors made decisions about me, and
3) older gatekeepers who tried to prevent my new ideas from being heard and respected.

2.1. I would have avoided changing my name so many times

One piece of advice I have for younger scholars is not to change your name. For various reasons I have used four different names over the course of my career: I changed last name twice and used two different first names. This led to four different permutations of first and last name. In chronological order: Amyra Grossbard, Amyra Grossbard-Shechtman, Shoshana Grossbard-Shechtman and Shoshana Grossbard. The bibliography I prepared for this volume (found at the end of the volume) organizes the list of my publications according to these four names.

These name changes have created confusion and had a negative impact on my reputation and the impact of my work. Some scholars have mentioned how this confused them, and I lost the advantage of building trust based on my reputation: sometimes we read further articles by authors we enjoyed reading, even if the topic of their paper does not sound interesting. I should have been more respectful of my readers' preferences. People respond to brandnames. It is not only true for consumers in supermarkets; it also holds for potential fans of researchers publishing multiple works on various topics.

It is hard to estimate the damage I caused myself by these repeated name changes, but it may have cost me a substantial amount of foregone readings and citations.

2.2. I would have avoided being passive when professors made decisions about me

In the first year of my doctoral research both Becker and Jim Heckman advised me. About six months after I had started my dissertation research, I was told that they had a fight and decided to avoid serving on the dissertation committees of the same students. I was allocated to Becker and Heckman left my Ph.D. committee. I don't know if I could have changed that, but it was bad for me as a student. Heckman was a young rising star at that time, and he turned out to be very successful at placing his students in good jobs. Becker was not. In retrospect, I wished I had complained about being treated this way. I had the right to being consulted about whom I want to work with. So, they had a fight and could not work together any longer, but did they have the right to decide who stays on my committee?

2.3. Be persistent and self-confident if you think you have good ideas and others who are more senior don't recognize the value of these ideas

Young people are the most likely to have good ideas. I would have made more efforts to make it hard for older gatekeepers to prevent my new ideas from being heard and respected.

I had a great idea that occurred to me during the beginning stages of my doctoral thesis in 1974-75. It was then that I first developed a market for (typically married) workers in household production. Eventually I called this a market for Work-in-Household (WIHO), as stated in later work like my second book *The Marriage Motive* (Grossbard 2015). The concept originated while I wrote my dissertation on polygamy and I realized that in polygamous societies women are workers in household production who get hired and paid by men. Therefore, initially I called this kind of work 'wife services'. I had seen a similar term used in work by anthropologists, but they did not have markets for this kind of work. I added supply (by women) and demand (by men).

My claim that women work for men was wrongly interpreted by some. They wrongly inferred that I think this is the natural way to organize household production and that I support paternalistic systems considering women as men's slaves, forced to do all kinds of work because men have all the power. This was far from what I had in mind. From the start I assumed that women have a supply of work that expresses their desire to be compensated for the work they do. I think that all workers should require adequate compensation for their work, whether the work is in household production or at a commercial firm, and regardless of whether the worker is male or female. This is expressed in women's supply of WIHO, which is probably very similar to men's supply of such work. I made that argument as early as in 1984 in an article published in the prestigious *Economic Journal* (Grossbard-Shechtman 1984a). There I avoided the loaded term 'wife services' but used a term lacking clarity, 'household work'. It had the advantage of applying to men and women but it was misunderstood as any kind of effort at household production, regardless of who benefits from it. Only later did I clarify that what I mean is work in household production benefiting the partner or spouse.

Today I am more convinced than ever that the concept of WIHO is useful and powerful. Better than any other model WIHO market analysis helps understand what women and men do. It applies to the study of labor supply, consumption and saving. I think I made a strong argument for that in my 2015 book *The Marriage Motive*. But recognition for the power of this concept is still limited. Instead, most researchers studying the economics of households and families continue to rely on alternative models, such as the collective model, bargaining models, or unitary models (see Apps and Rees 2009 for a good overview of these models, including their own).

Now in my seventies, fifty years after I invented the model, I continue to have limited success when advocating for the WIHO model. When I was in my twenties and the student of highly rated Gary Becker, it was an impossible task. Becker was the last person who was going to acknowledge the value of a model that was the brainchild of a young student. I wished that at the time I had a professor who would have helped me find the right words to explain myself. I could have told him or her, no I don't mean that women are slaves, they are workers working for a partner in the household! Becker and Mincer emphasized how households are firms. Well, firms have managers and workers, right? I would have answered: That is what I mean and I am going to call this work by the term 'WIHO'. And this work has a price!!!

It has taken me FIFTY years to have internal dialogues and face sceptical students, and as a result I now have the right words to explain myself. Being ignored by authors of inferior models, models that only apply to some of the questions in household economics, has been painful. This applies to Becker, to authors of alternative models cited in Apps and Rees (2009) and Apps and the late Ray Rees themselves. Being ignored or insulted by followers of Becker's models was tough, especially when they were Israeli economists I admired. I can still hear the voice of one of them telling me in 1983 that the *Economic Journal* was wrong for accepting my paper. But as a result of these painful experiences, and because I did not give up, I am here today.

Thank you for listening and giving me this opportunity.

3. Some fun parts in my academic career

Going to conferences and meeting with professional friends is among the parts of my career that I enjoy the most. It has been fun to attend meetings of many professional organizations, including the American Economic Association (AEA), the Population Association of America (PAA), the European Society of Population Economics (ESPE), and the Society for the Advancement of Behavioral Economics (SABE). All these societies bring together people who share some of my interests. Many of them are Europeans like me.

Most enjoyable are the annual meetings of the *Society of Economics of the Household (SEHO)* the organization of economists that I founded. I don't know all those who attend those meetings, especially not all the younger participants who recently joined. However, I know a majority of the presenters and it is fun to meet them again. In some cases, we meet for the first time, which is also a pleasure, especially if we are familiar with each other's work. In many instances, a SEHO meeting is the first place at which I meet a colleague with whom I had exchanged emails.

All past meetings have been fabulous and offered wonderful opportunities to learn more and to network with others interested in economics of the household. I can say that about the first meetings I organized in San Diego in 2017, which was also nerve-wracking because we the organizers only had a vague idea about the number of people who were going to attend. To our great pleasure and relief, more than 100 people came from all over the world but mainly Europe. The keynote speakers had agreed to come even if they don't get paid or reimbursed for their travel expenses, but luckily the participation fees covered the speakers' expenses. That was extremely generous on the part of these speakers, including Charles Horioka from Japan, Daniela Del Boca from Italy, and Klaus Zimmerman from Germany. They are also good friends.

The organizers of all the subsequent SEHO meetings have been fabulous. The meetings were all interesting and enjoyable. It is a lot of work to organize a meeting and I am very grateful to all those who have done it so far:

Elena Stancanelli, Paris School of Economics (organizer, Paris meetings of SEHO in 2018)

Elsa Fontainha, Lisbon School of Economics & Management, University of Lisbon/ (organizer, Lisbon meetings in 2019).

Enrica Croda, University of Venice Ca' Foscari, organizer of 2020 SEHO meetings in Venice, Italy. Due to COVID we had to cancel the actual meeting.

Daniele Paserman, Boston University, organizer of the 2021 SEHO meetings in Boston USA. Due to covid it was a virtual meeting.

Almudena Sevilla-Sanz, London School of Economics, was the principal organizer of the 6th SEHO Meeting held at University College, London, in 2022.

94

The picture was taken during the 6th Meeting. It shows Jose Alberto Molina, Jose Ignacio Gimenez Nadal and Shoshana Grossbard.

Mette Gørtz, University of Copenhagen, was the principal organizer of the 7th SEHO Meeting in Copenhagen in 2023.

Christine Ho, Singapore Management University, was the principal organizer of the the 8th SEHO meeting held in Singapore in 2024.

José Alberto Molina is the principal organizer of the 9th SEHO meeting to be held at the University of Zaragoza in 2025.

Members del SEHO Executive Committee

One particularly memorable occasion was my visit to Zaragoza in May 2023, when I was invited to deliver the opening keynote lecture at the *II Congreso IEDIS*. This interdisciplinary congress, organized by the Institute for Research in Employment, Digital Society, and Sustainability (IEDIS), brought together scholars working on timely societal challenges. My presentation, *"Marriage Markets and Economics: A Personal and Scholarly Journey"*, allowed me to reflect on my intellectual path and engage with a vibrant and welcoming academic community. I felt a strong connection to the goals and people of IEDIS, and it is a joy to return now for this exceptional recognition.

The following images capture moments from that event: a group photo at the opening ceremony; the inaugural session where I was joined by Rosa Bolea (then Vice-Rector for Scientific Policy and now Rector of the University of Zaragoza) and José Alberto Molina, Director of IEDIS; a moment from my lecture; and coverage in the local press highlighting the conference and my visit.

SHOSHANA GROSSBARD ECONOMISTA. PROFESORA EMÉRITA EN LA UNIVERSIDAD ESTATAL DE SAN DIEGO, CALIFORNIA

Discípula del Premio Nobel de Economía Gary Becker e investigadora reconocida internacionalmente, es miembro de la Red de Desigualdad Familiar, HCEO, Universidad de Chicago. Participó hace unos días en el II Congreso IEDIS en Empleo, Sociedad Digital y Sostenibilidad, en la Universidad de Zaragoza.

En primera persona

SHOSHANA GROSSBARD, ECONOMISTA, EN LA UNIVERSIDAD DE ZARAGOZA.

«La gente debería estudiar más cómo gestionar sus finanzas»

Usted ha investigado mucho sobre la economía en el matrimonio, en la familia y en la gestión de un hogar. ¿Cree que la gente que se casa o que forma una familia debería estudiar más economía?

Nunca diría que sea un requisito, pero creo que es útil estudiar más economía en general. Puede ayudar a la gente a tomar mejores decisiones cuando se casa y decide cómo organizar su vida. Decir exactamente que es lo que se debe enseñar para que las decisiones sean las más óptimas es muy complejo. No habría un curso sencillo. Lo que ha de hacerse para manejar bien la economía de un hogar incluye muchas cosas. Yo personalmente he trabajado en investigaciones relacionadas con eso y puedo decir que en general habría que estudiar más.

Es decir, adquirir más cultura económica.

Sí, la gente adquirir más cómo gestionar sus finanzas, cómo planificar. Ahora hay algunos economistas que se han centrado en obviedad más estas cuestiones. Por ejemplo, que se enseñe a nivel de bachillerato e incluso en la escuela primaria. Hay una italiana que vive en Estados Unidos que ha trabajado...

«En cultura económica nunca hay un límite de cuánto debes saber»

EL PERFIL

Shoshana Grossbard (1948) es economista y profesora emérita de Economía en San Diego. También es miembro de la Red de Desigualdad Familiar, HCEO, Universidad de Chicago e investigadora del Instituto IEDIS. Actualidad, la entrevista es mujer pionera al abrir espacios para esa más centrada a porque la gente tenía que en España y hacía demasiado distinto. Creo que en fin se miraba mucho más si acería el esfuerzo.

en esto. Se llama Ana María Lusardi, ha introducido estos en muchos países. **¿Qué recomendaría usted a las nuevas generaciones en esta materia?**

Que se la tomen muy en serio. Sus familias son probablemente las suyas, entre más importantes en sus vidas. Cuando tú creces, tienes una familia que no has elegido, pero cuando formas tu propia familia, como pareja y luego con niños, es súper importante que no se tomen estas cuestiones a la ligera. Uno debe utilizar toda la inteligencia y emplear todos sus recursos intelectuales y emocionales para organizar su vida. Mucha gente no lo hace, solo se ocupa de sus emociones. **¿Y cómo vincular lo sentimental con lo económico?**

Antes he hablado de cultura financiera. Una cosa son las finanzas, que tiene que ver con dinero, pero yo primero me refiero a lo más importante, y ahí no está el dinero. Lo importante es ser inteligente cuando eliges a una pareja. Evidentemente el dinero juega un papel –nadie quiere ser pobre–, pero hay que tener tus prioridades en la vida. **Elegida ya la persona, ¿entra la economía?**

Yo entonces sugiero a la gente que utilice un pensamiento inteligente en lo que tiene que ver con su economía. Tener en cuenta todos cuáles son sus metas, como cuando – empiezas un negocio nuevo y tu objetivo es ganar dinero. En este caso, no es que la gente piense en ganar dinero cuando se hace con una pareja o forma una familia sino que hay otras metas, cualesquiera que estas sean. El propósito es que utilicen su inteligencia cuando se aproximen a la economía, que sean racionales, que su acercamiento sea sistemático, porque la economía no es solo dinero. **¿Y cuánto afectan las leyes en esto? No es lo mismo un país que otro.**

Eso es muy importante. Las diferentes leyes realmente influyen en cómo la gente organiza sus vidas. Un ejemplo es la ley de divorcio. Durante muchos años en Europa, España incluida, las leyes fueron muy estrictas en ese tema, porque la Iglesia Católica no lo permite. Eso pasaba en España, Italia o Irlanda, y en EE UU. Hace 100 años o incluso menos no se permitía el divorcio. En aquellos países que lo sido tan cerca que es terrible, a gente se llevaba a una especie de cárcel. El divorcio ha permitido a mucha gente corregir sus errores cuando no eran felices. Otro tipo de leyes que influyen mucho es cuando las propiedades de los países son comunes o separadas. En Francia uno decide cuando se casa a modo de contrato, puede firmar una comunidad de activos. **En España existe el régimen de gananciales: los bienes y beneficios que los cónyuges adquieren durante el matrimonio se hacen comunes.** Exacto.

¿Qué países son los más avanzado en economía de la familia?

Creo que los países escandinavos han hecho mucho más para ayudar a los padres a criar a sus hijos con ayudas del Gobierno, pero no creo que eso sea aplicable a todos los países porque sus impuestos son mucho mayores. **Lo importante es saber algo de economía familiar y las leyes que afectan.**

Hablamos de cultura económica. Cuanto más sabes, mejor.

Sí, pero nunca hay un límite de cuánto debes saber. La gente tiene que saber más de leyes, política y consideraciones sobre cómo está organizado todo. Quienes crecieron con padres bien organizados tienen más ventajas sobre aquellos que no los tuvieron. Es muy difícil averiguar que busca cada uno. **¿Qué sugiere a los estudiantes cuando se dirige a ellos?**

Yo he enseñado un curso sobre Economía del trabajo y la familia en el que discutíamos de estas cosas. Y con los años muchos me han dicho que mis clases eran muy interesantes, que les hice pensar, que aprendieron a emplear herramientas que han resultado útiles. Y era un semestre con tres horas a la semana. El curso les estaba organizado para decirte que con esto encontrarías una vida feliz, pero se han conseguido cosas. Es una satisfacción como profesora.

LUIS H. MENÉNDEZ

4. References

Apps, Patricia and Rees, Ray (2009), *Public Economics and the Household*, Cambridge: Cambridge University Press.

Becker, Gary S. (1960), "An Economic Analysis of Fertility," in *Demographic and Economic Change in Developed Countries*, a Conference of the Universities—National Bureau Committee for Economic Research. Princeton, NJ: Princeton University Press.

Becker, Gary S. (1964), *Human Capital*, New York: Columbia University Press.

Becker, Gary S. (1965), "A Theory of the Allocation of Time," *Economic Journal* 75: 493–515.

Becker, Gary S. (1973), "A Theory of Marriage: Part I," *Journal of Political Economy* 81: 813–46.

Becker, Gary S. (1974a), "A Theory of Marriage: Part II," *Journal of Political Economy* 82: 511–26.

Becker, Gary S. (1974b), "A Theory of Social Interactions," *Journal of Political Economy* 70: 1–13.

Becker, Gary S. (1976), "Altruism, Egoism, and Genetic Fitness: Economics and Sociobiology," *Journal of Economic Literature* 14: 817–26.

Becker, Gary S. (1981), *A Treatise on the Family*, Cambridge: Harvard University Press.

Becker, Gary S., Landes, Elizabeth and Michael, Robert (1977), "An Economic Analysis of Marital Instability," *Journal of Political Economy* 85: 1141–88.

Becker, Gary S. and Tomes, N. (1979), "An equilibrium theory of the distribution of income and intergenerational mobility," *Journal of Political Economy* 87 (6). <http://www.jstor.org/stable/1833327>.

Beller, A.H. and Grossbard, S. (2019), "Household economics and women in economics: Lessons from Columbia and Chicago." Paper presented at the SEHO Meetings. Lisbon, revised October 2019.

Beller, Andrea H., Fava, A., Grossbard, S. and Idmansour, M. (2024), "Women, Economics, and Household Economics: The Relevance of Workshops founded by Nobel Laureate

Gary Becker, and of Jacob Mincer," *Journal of Family and Economic Issues* 45 (3): 485–503.

Ghez, G. and Becker, G.S. (1975), *The Allocation of Time and Goods over the Life Cycle*, Publisher: NBER.

Grossbard, Amyra (1976), "An Economic Analysis of Polygamy: The Case of Maiduguri," *Current Anthropology* 17 (4): 701–707.

Grossbard, Amyra (1977), "Reply to Clignet-Sween and Cohen," *Current Anthropology*, March.

Grossbard, Amyra (1978a), "Towards a Marriage Between Economics and Anthropology and A General Theory of Marriage," Papers and Proceedings, *American Economic Review* 68 (2): 33–7.

Grossbard, Amyra (1978b), "The Economics of Polygamy." Unpublished Ph.D. Dissertation, University of Chicago.

Grossbard, Shoshana and Beller, A. H. (2022), "Assessing the new home economics with 2020 vision," in Morris Altman (ed.), *Constructing a More Scientific Economics: John Tomer's Pluralistic and Humanistic Economics*, Palgrave Publishing, pp. 255–80.

Grossbard-Shechtman, Amyra (1980), "The Economics of Polygamy," in *Research in Population Economics*, Vol. 2, edited by Julian L. Simon and Julie DaVanzo, Greenwich, Conn.: JAI Press.

Grossbard-Shechtman, Amyra (1981), "A Market Theory of Marriage and Spouse Selection." Paper presented at the Population Association of America.

Grossbard-Shechtman, Amyra (1982), "A Theory of Marriage Formality: The Case of Guatemala," *Economic Development and Cultural Change* 30: 813–30.

Grossbard-Shechtman, Amyra (1983), "A Market Approach to Intermarriage," in *Papers in Jewish Demography, 1981* edited by U. O. Schmelz, P. Gerson and Sergio Della Pergola, Jerusalem: Hebrew University Institute Contemporary Jewry.

Grossbard-Shechtman, Amyra (1984a), "A Theory of Allocation of Time in Markets for Labor and Marriage," *Economic Journal* 94: 863–82.

Grossbard-Shechtman, Amyra (1984b), "Review of Guttentag and Secord's Too Many Women," *Sociology and Social Research* 68: 390–91.

Grossbard-Shechtman, Amyra (1985a), "Sex Ratios, Marriage Markets and Female Labor Force Participation." Paper presented at the Population Association of America, San Francisco.

Grossbard-Shechtman, Shoshana (2001), "The New Home Economics at Columbia and Chicago," *Feminist Economics* 7 (3): 103–30.

Lemennicier, Bertrand (1988), *Le marché du mariage et de la famille*, Paris: Presses Universitaires de France.

Mincer, Jacob (1962), "Labor Force Participation of Married Women: a Study of Labor Supply," in *Aspects of Labor Economics* edited by H. Gregg Lewis, Princeton, NJ: Princeton University Press.

Mincer, Jacob (1963), "Market Prices, Opportunity Costs, and Income Effects," in C. Christ (ed.), *Measurement in Economics*, Stanford, CA: Stanford University Press.

Mincer, Jacob (1993), *Studies in Labor Supply, Collected Essays of Jacob Mincer*, Vol. 2, Aldershot U.K.: Edward Elgar.

Mincer, Jacob (2014), *Memoirs and Wartime Letters of Jacob Mincer*. Compiled and designed by Deborah Mincer and Nina Sussman. Self-published by blurb.com.

Papps, Ivy (1980), *For Love or Money: A Preliminary Economic Analysis of Marriage and the Family*, Hobart Paper 86, London: Institute of Economic Affairs.

Teixeira, Pedro (2007), *Jacob Mincer, a founding father of Modern Labor Economics*, Oxford University Press.

Teixeira, Pedro (2021), "The Columbia Labor Workshop—The Rise and Decline of an Intellectual Community," *Revue d'Économie Politique* 131 (4): 665–91.

5. Bibliography

List of Publications of Shoshana Grossbard, including some that appeared under Amyra Grossbard, Amyra

Grossbard-Shechtman (1978-1992), and Shoshana Grossbard-Shechtman (1993-2004). Some titles of publications are followed by number of citations in parentheses (citations obtained from Google Scholar (GS) on dec 14, 2024).

A) *Publications under the name Amyra Grossbard*

Amyra Grossbard, "An Economic Analysis of Polygamy—The Case of Maiduguri," *Current Anthropology* 17 (4), December 1976: 701–707 (187).

Amyra Grossbard, "The Economics of Polygamy." Ph.D. Dissertation, University of Chicago, 1978.

Amyra Grossbard, Review of *Microeconomics and Human Behavior: Toward a New Synthesis of Economics and Psychology* by David A. Alhadeff, *Journal of Economic Literature* 21, 1983.

Amyra Grossbard, Review of *The Law and Economics of Marriage and Divorce* by Antony W. Dnes and Robert Rowthorn, *Journal of Economic Literature* 41 (4), 2003.

B) *Publications under the name Amyra Grossbard-Shechtman*

Amyra Grossbard-Shechtman, "Towards a Marriage between Economics and Anthropology and a General Theory of Marriage," *American Economic Review* 68, May 1978: 33–7 (100).

Amyra Grossbard-Shechtman, "The Economics of Polygamy," in J. DaVanzo and J. Simon (eds.), *Research in Population Economics*, Vol. II, Greenwich, Connecticut: JAI Press, 1980 (86).

Kingsley Davis and Amyra Grossbard-Shechtman, *How Mother's Age and Circumstances Affect Children*. Final report to National Institute for Child Health and Development, 1980 (11).

A Grossbard-Shechtman, "Gary Becker's Theory of the Family— Some Interdisciplinary Considerations," *Sociology and Social Research* 66 (1), 1981: 1-11.

Amyra Grossbard-Shechtman, "A Market Theory of Marriage and Spouse Selection," Population Association of America, March 1981.

David M. Heer and Amyra Grossbard-Shechtman, "The Impact of the Female Marriage Squeeze and the Contraceptive Revolution on Sex Roles and the Women's Liberation Movement in the United States, 1960 to 1975," *Journal of Marriage and the Family*, February 1981 (235).

Amyra Grossbard-Shechtman, "A Theory of Marriage Formality: The Case of Guatemala," *Economic Development and Cultural Change* 30 (4), July 1982: 813–30 (53).

Amyra Grossbard-Shechtman, "On the Role and Determinants of Bride Price: Comment," *Current Anthropology*, March 1983 (37).

Amyra Grossbard-Shechtman, "A Market Approach to Intermarriage," *Papers in Jewish Demography*, Institute of Contemporary Jewry, Jerusalem, 1983 (15).

Amyra Grossbard-Shechtman, "A Theory of Allocation of Time in Markets for Labor and Marriage," *Economic Journal* 94 (4), December 1984: 863–82 (379).

Kingsley Davis in association with Amyra Grossbard-Shechtman (eds.), *Contemporary Marriage: Comparative Perspectives on a Changing Institution*, New York: Russell Sage Publications, 1985 (125).

Amyra Grossbard-Shechtman, "Sex Ratios, Marriage Markets and Female Labor Force Participation." Paper presented at the Population Association of America 1985 (14).

Amyra Grossbard-Shechtman and Shoshana Neuman, "Female Labor Supply and Marital selection, Theory and Application to Israeli Data." Discussion Paper no. 1-85. The Pinhas Sapir Center for Development, Tel-Aviv University, 1985.

Amyra Grossbard-Shechtman, "Marriage and Productivity: An Interdisciplinary Analysis," in B. Gilad and S. Kaish (eds.), *Handbook of Behavioral Economics*, Vol. 4, Greenwich: JAI Press, 1986 (31).

Amyra Grossbard-Shechtman and Shoshana Neuman, "Economic Behavior, Marriage and Religiosity," *Journal of Behavioral Economics*, 15, 1986: 71–85 (37).

Amyra Grossbard-Shechtman, "Economic Behavior, Marriage and Fertility: Two Lessons from Polygyny," *Journal of Economic Behavior and Organization,* December 1986 (28).

Eliezer Ben-Rafael and Amyra Grossbard-Shechtman, "Female Work and Leadership in the Kibbutz: Some Empirical Tests," in L. Shamgar-Handelman and R. Palomba (eds.), *Alternative patterns of Family Life in Modern Societies,* Rome: IRP, 1987.

Amyra Grossbard Shechtman and Shoshana Neuman, "Women's Labor Supply and Marital Choice," *Journal of Political Economy,* 1988 (172).

Amyra Grossbard-Shechtman and Shoshana Neuman, "Cross-Productivity Effects of Education and Origin on Earnings—Do They Really Reflect Productivity?", in R. Frantz, J. Gerber and H. Singh (eds.), *Handbook of Behavioral Economics,* Vol. V, JAI Press, 1990 (26).

Amyra Grossbard-Shechtman, Dafna Izraeli and Shoshana Neuman, "When Do Spouses Support a Career: A Human Capital Analysis of Israeli Managers and Their Spouses," *Journal of Socio-Economics* 23, 1994: 149–67 (22).

Amyra Grossbard-Shechtman, "Virtue, Work and Marriage," in S. Maital (ed.), *Applied Behavioral Economics,* Wheatsheaf & NYU Press, 1988.

A. Grossbard-Shechtman, Review of Guttentag and Secord's *Too Many Women, Sociology and Social Research* 68, 2002: 390–91.

C) *Publications under the name Shoshana Grossbard-Shechtman*

Shoshana Grossbard-Shechtman, *On the Economics of Marriage,* Boulder, CO: Westview Press, 1993. Reprinted in 2019 by Routledge (541).

Shoshana Grossbard-Shechtman and Michael Keeley, "A theory of divorce and labor supply," in *On the Economics of Marriage, Labor, and Divorce,* Boulder: Westview Press, 1993.

S. Grossbard-Shechtman, Review of *The law and economics of marriage and divorce, Journal of Economic Literature* 41 (4), 1309–11.

S. Grossbard-Shechtman, *Spousal support as spousal worker severance pay*, 1994. <https://static1.squa respace.com/static/59af966b49fc2bd0f750a72a/t/5d1cc9676136a8000 1f71167/1562167656284/ severance+1994.pd>.

S Grossbard-Shechtman, "Do not sell marriage short: Reply to Strober," *Feminist Economics* 1 (1), 1995, 207–14.

Shoshana Grossbard-Shechtman, "Marriage Market Models," in M. Tommasi and K. Ierulli (eds.), *The New Economics of Human Behavior*, Cambridge, U.K.: Cambridge University Press, 1995 (61).

Shoshana Grossbard-Shechtman, Evelyn Lehrer and J. William Leasure, "Comment on 'A theory of the value of children'," *Demography* 33, 1996: 133–36 (35).

Shoshana Grossbard-Shechtman and C. W. J. Granger, "Women's Jobs and Marriage, Baby-Boom versus Baby-Bust," *Population*, Vol. 53, September 1998: 731–52 (in French); or Working Paper 96-03, UCSD; or "Marriage Market Imbalances and the Changing Economic Roles of Women," Mimeo, April 1997; or "The Baby-Boom and Time Trends in Female Labor Force Participation." Paper presented at the Annual Meetings of the American Economics Association, January 1994 (41).

Shoshana Grossbard-Shechtman, "An Integrated Analysis of Labor and Marriage and Explanation of Black/White Differences in Marriage, Labor and Welfare Participation." Paper presented at the Conference on Economics and Sociology in Honor of Gary Becker and James Coleman. San Diego, July, 1995.

Shoshana Grossbard-Shechtman and Matthew Neideffer, "Women's Hours of Work and Marriage Market Imbalances," in *Economics of the Family and Family Policies* edited by Inga Persson and Christina Jonung, London: Routledge, 1997 (65).

Shoshana Grossbard-Shechtman and Shoshana Neuman, "The Extra Burden of Moslem Wives: Clues from Israeli Women's Labor Supply," *Economic Development and Cultural Change*, Vol. 46, 1998: 491–518 (50).

S. Grossbard-Shechtman, and Bertrand Lemennicier, "Marriage Contracts and the Law-and-Economics of Marriage: an Austrian Perspective," *Journal of Socio-Economics*, Vol. 28, 1999: 665–90 (49).

S. Grossbard-Shechtman, "The New Home Economics at Columbia and Chicago," *Feminist Economics* 7 (3), 2001: 103–30.

S. Grossbard-Shechtman, "The economics and sociology of marriage: historical trends and theories of In-Marriage Household Labor," in *On the Expansion of Economics*, edited by Shoshana Grossbard-Shechtman and Christopher Clague, Armonk, NJ: M.E. Sharpe. 2001.

Shoshana Grossbard-Shechtman, "David Heer: An Interview," in *On the Expansion of Economics*, edited by Shoshana Grossbard-Shechtman and Christopher Clague, Armonk, NJ: M.E. Sharpe. 2001.

Shoshana Grossbard-Shechtman and Christopher Clague, *On the Expansion of Economics*, Armonk, NJ: M.E. Sharpe, 2001 (20).

Shoshana Grossbard-Shechtman and Christopher Clague (eds.), Special issue on Economic Development and Cultural Institutions, *Annals of the American Academy of Political and Social Science*, Vol. 573, January 2001.

Shoshana Grossbard-Shechtman, and Christopher Clague, "Symposium on the Reorientation of Economics: What is Economics?," *Journal of Socio-Economics* 30 (1), 2001: 1–6.

S. Grossbard-Shechtman, Olivia Ekert-Jaffe, and Bertrand Lemennicier, "Property Division at Divorce and Demographic Behavior: An Economic Analysis and International Comparison." Paper presented at the Annual Meetings of the American Economics Association, January 2002.

Shoshana Grossbard-Shechtman and Xuanning Fu, "Women's Labor Force Participation and Status Exchange in Intermarriage: An Empirical Study in Hawaii," *Journal of Bioeconomics*, 4 (3), 2002: 241–68 (29).

Shoshana Grossbard-Shechtman, "A Consumer Theory with Competitive Markets for Work in Marriage," *Journal of*

Socio-Economics 31 (6), 2003: 609–45; or "Why Women May be Charged More at the Cleaners: A Consumer Theory with Competitive Marriage Markets." Center for Public Economics Working Paper 99-01, San Diego State University (68).

Grossbard-Shechtman, S. (2003), "Biology versus Economics and Culture in Research on the Family," *Journal of Bioeconomics* 4-3, 2003: 191–94.

Shoshana Grossbard-Shechtman and Shoshana Neuman, "Marriage and Work for Pay," in *Marriage and the Economy: Theory and Evidence from Advanced Industrial Societies* edited by Shoshana Grossbard-Shechtman, New York and Cambridge: Cambridge University Press, 2003 (30).

S.A. Grossbard-Shechtman, "A model of labor supply and marriage." Paper presented at the annual meetings of the American Economic Association in New Orleans, January.

Shoshana Grossbard-Shechtman (ed.), *Marriage and the Economy*, Cambridge and New York: Cambridge University Press, 2003 (includes my introductory chapter); Chinese edition published by Shanghai University of Finance and Economics Press in 2005 (102).

Shoshana Grossbard-Shechtman, "Introduction to Special Issue on household and gender economics," *Journal of Socio-Economics* 31, 2002: 1–2.

Shoshana Grossbard-Shechtman, "A model of labor supply, household production and marriage," in Tran Van Hoa (ed.), *Advances in Household Economics*, Aldershot: Ashgate, 2005; ebook published by Routledge in 2016; also "A model of labor supply and marriage." Paper presented at the AEA meetings, 2001.

S. Grossbard-Shehtman, C.W.J. Granger, "Marriage market imbalances and the changing economic roles of women." Unpublished Paper, April.

S. Grossbard-Shechtman, "A Demographer on the Cusp Between Economics and Sociology: An Interview with David Heer," in Shoshana Grossbard-Shechtman and Christopher Clague (eds.), *On the Expansion of Economics,* Armonk, NJ: M.E. Sharpe, 2001, 206–14.

Shoshana Grossbard-Shechtman, "Competitive Marriage Markets and Jewish Law." Working Paper, Research Center on Jewish Law and Economics, Department of Economics, Bar-Ilan University.

D) *Publications under the name Shoshana Grossbard*

Shoshana Grossbard, "Irma Adelman: a pioneer in the expansion of economics," *Feminist Economics* 8 (1), 2002: 101–16.

Shoshana Grossbard and Ronald Mincy "Markets for Co-Parenting and Family Structure." Paper presented at the McArthur Network on Family and Economy, November 2003 (12).

Shoshana Grossbard, "Women's Labour Supply, Marriage and Welfare Dependency," *Labour* 19. 2005: 211–41 (11).

Ronald Mincy, Shoshana Grossbard, and Chien-Chung Huang, "An Economic Analysis of Co-Parenting Choices: Single Parent, Visiting Father, Cohabitation, Marriage," April/May 2005.<http://ideas.repec.org/p/wpa/wuwpla/0505004.html>.

Shoshana Grossbard, *Jacob Mincer: A Pioneer of Modern Labor Economics*, New York: Springer, 2006 (43).

Shoshana Grossbard, "The New Home Economics at Columbia and Chicago," in *Jacob Mincer: A Pioneer of Modern Labor Economics* edited by Shoshana Grossbard, New York: Springer, 2006 (13).

Shoshana Grossbard, "Competitive Marriage Markets and Jewish Law," in *The Economics of Judaism and Jewish Human Capital* edited by Carmel U. Chiswick and Tikva Lecker with Nava Kahana, Ramat-Gan, Israel: Bar Ilan University Press, 2006.

Shoshana Grossbard, "Repack the Household: A Comment on Robert Ellickson's 'Unpacking the Household'", *Yale Law Journal Pocket Edition*, April 2007, at <http://yalelawjournal.org/2007/04/16/grossbard.html>.

Shoshana Grossbard and Catalina Amuedo-Dorantes (or inverse order of authors), "Marriage Markets and Women's Labor Force Participation," *Review of Economics of the*

Household 5, 2007: 249–78 (or earlier versions: Working Paper 0013, San Diego State University, Department of Economics, 2005; "Cohort-level sex ratio effects on women's labor force participation". IZA Discussion Paper 2722, 2007 (123).

Shoshana Grossbard and Lisa Jepsen. "The economics of gay and lesbian couples: Introduction to a special issue on gay and lesbian households," *Review of Economics of the Household* 6 (4), 2008: 311–25 (32).

David Bishai and Shoshana Grossbard, "Far Above Rubies: The Association between Bride Price and Extramarital Sexual Relations in Uganda." Working Paper 2006; or IZA Paper 2007; or *Journal of Population Economics* 23 (4), September 2010: 1177–87 (86).

Shoshana Grossbard, José Ignacio Giménez and José Alberto Molina, "Racial Intermarriage and Household Production," *Review of Behavioral Economics* 1 (4), 2014: 295–347; or "Racial Discrimination and Household Chores." IZA Discussion Paper No. 5345, 2010 (39).

Shoshana Grossbard, "Independent Individual Decision-Makers in Household Models and the New Home Economics," in *Household Economic Behaviors* edited by J. Alberto Molina, New York: Springer, 2011; and IZA Discussion Paper No. 5138, 2010 (70).

Catalina Amuedo-Dorantes, Jens Bonke and Shoshana Grossbard, "Income Pooling and Household Division of Labor: Evidence from Danish Couples." IZA Discussion Paper No. 5418, January 2011 (35).

Grossbard, Shoshana and Sankar Mukhopadhyay, "Spousal Love and Children: an Economic Analysis," *Review of Economics of the Household* 11 (3) September 2013: 447–67; or "Children, Spousal Love, and Happiness: An Economic Analysis" (27).

Shoshana Grossbard and V. Vernon, "Common law marriage and couple formation," *IZA Journal of Labor Economics*, 2014.

Shoshana Grossbard. *The Marriage Motive: A Price Theory of Marriage: How Marriage Markets Affects Employment, Consumption, and Savings*, New York: Springer, 2015 (106).

S. Grossbard, "How economists think about marriage: household division of labor and marriage markets (aka Hedonic marriage markets and the prevalence of malebreadwinner households)," in E. Redmount (ed.), *Family Economics: How the Household Impacts Markets and Economic Growth*, Santa Barbara: ABC-CLIO, 2015.

Shoshana Grossbard, *The Economics of Marriage*, The International Library of Criticlal Writings in Economics, Edward Elgar, 2015 (22).

Shoshana Grossbard, "Sex Ratios, Polygyny, and the Value of Women in Marriage—A Beckerian Approach," *JODE – Journal of Demographic Economics*, Cambridge University Press, 81 (1) March 2015: 13–25 (16).

Shoshana Grossbard and V. Vernon, "Common Law Marriage and Teen Births," *Journal of Family and Economic Issues*, 2016.

S. Grossbard, "An extended household model of elder care by children and children-in-law based on Far-Eastern traditions," *Review of Development Economics* 22 (3), August 2018: 1022-1038; also «Modeling Eldercare by Children and Children-in-Law: The Role of Marriage Institutions». Asian Development Bank and ADBI Working Paper.

H. Alshaikhmubarak, R.R. Geddes and S Grossbard, "Single Motherhood and the Abolition of Coverture in the United States," *Journal of Empirical Legal Studies*, 2019. Wiley Online Library (25).

Olivia Ekert-Jaffe and Shoshana Grossbard, "Does community property discourage unpartnered births?," *European Journal of Political Economy* 24 (1): 25–40 (15).

Enrica Croda and Shoshana Grossbard, "Women pay the price of COVID-19 more than men," *Review of Economics of the Household*, Volume 19, 2021: 1–9 (58).

Ainoa Fenoll Aparicio and S. Grossbard, "Intergenerational Residence Patterns and COVID-19 Fatalities in the EU and the US," *Economics & Human Biology* 39, 2020, 100934; IZA Discussion Paper No. 13452 (68).

Shoshana Grossbard, Tansel Yilmazer and Lingrui Zhang, "The Gender gap in citations: lessons from Demographic Economics journals," *Review of Economics of the Household* 19 (3), September 2021: 677–97 (27).

Shoshana Grossbard and Alfredo M. Pereira, "Will Women Save more than Men? A Theoretical Model of Savings and Marriage." CESifo Working Paper No. 3146, August 2010; also chapter in *Marriage and the Economy* (28). Also appeared as "Savings and Economies of Marriage: Intra-Marriage Financial Distributions as Determinants of Savings." Department of Economics, College of William and Mary Working Papers.

Shoshana Grossbard, "How 'Chicagoan' are Gary Becker's Economic Models of Marriage?," *Journal of the History of Economic Thought* 32 (3), September 2010: 377–95; see also "Becker's intellectual leadership in the theory of marriage," Ms, S. Diego State University, 2004; "The Shrinking Role of Demand and Supply Models in Gary Becker's Theory of Marriage," San Diego, CA: San Diego State University, 2006 (26).

Shoshana Grossbard, "Marriage and Marriage Markets," *The Oxford Handbook of Women and the Economy*, 2018; or IZA Discussion Paper 10312, 2016 (15).

S. Grossbard and V. Vernon, "Common law marriage and couple formation," *IZA Journal of Labor Economics* 3: 1–26 (13).

Shoshana Grossbard, "A Note on altruism and caregiving in the family: do prices matter?," *REHO*, 2014 (13).

Olivia Ekert-Jaffe and Shoshana Grossbard. "Time cost of children as parents' foregone leisure," *Mathematical Population Studies* 22 (2), April 2015: 80–100 (11).

Shoshana Grossbard and Sankar Mukhopadhyay, "Marriage markets as explanation for why heavier people work more hours," *IZA Journal of Labor Economics*, 2017; also S.A. Grossbard and Sankar Mukhopadhyay "Body-Weight and Women's Hours of Work: More Evidence That Marriage Markets Matter", papers.ssrn.com (8).

S. Grossbard, "Household economics," in J.D. Wright (ed.), *International Encyclopedia of the Social & Behavioral Sciences,* 2nd edition, Oxford: Elsevier, p. 224–27.

A. Grossbard, "An economist's perspective on polygyny," in J. Bennion and L.F. Joffe (eds.), *The polygamy question,* Boulder: University of Colorado Press, 2016, p. 103–14.

S. Grossbard and V. Vernon, "Common Law Marriage, Labor Supply, and Time Use: A Partial Explanation for Gender Convergence in labor supply," *Research in Labor Economics:* "Gender Convergence in the Labor Market," 41, 2015, 143–75.

Ainoa Aparicio and Shoshana Grossbard, "Later onset, fewer deaths from COVID," *Pathogens and Global Health* 115 (1), November 2020: 1–3.

Ainoa Aparicio and Shoshana Grossbard, "Are COVID fatalities in the US higher than in the EU, and if so, why?," *REHO* 19 (2), 2021: 307–26 (15).

S. Grossbard, L Mangiavacchi, W. Nilsson and L Piccoli, "Spouses' earnings association and inequality: A non-linear perspective," *The Journal of Economic Inequality,* 2022; also "Spouses' income association and inequality: a non-linear perspective." Human Capital and Economic Opportunity Working Group Working Papers.

Shoshana Grossbard and Elena Stancanelli, "Whose Time? Who Saves? Introduction to a special issue on savings, time use, and children," *REHO* 8 (3): 289–96.

Grossbard, Shoshana, "Women's neoclassical models of marriage, 1972-2015," in *The Routledge Handbook of the History of Women's Economic Thought* edited by Robert W. Dimand and Kirsten Madden, London, UK: Taylor & Francis Publishing Group, 2019.

Shoshana Grossbard, *"Polygamy is Bad for Women",* N.Y. Times: *Room for Debat,* 17 diciembre 2013, 6:39 PM, <http://www.nytimes.com/roomfordebate/2013/12/17/should-plural-marriage-be-legal/polygamy-is-bad-for-women>.

Shoshana Grossbard, "Polygamy and the regulation of marriage markets," in J. Bennion and L.F. Joffe (eds.), *The Polygamy Question,* Logan (Utah): Utah State University Press, 2015

S. Grossbard, "Household economics...," in J.D. Wright (ed.), *International Encyclopedia of the Social & Behavioral Sciences,* 2nd edition, Oxford: Elsevier; 2015. p. 224–27.

S. Grossbard, "Modeling Intimate Partner Violence with Home Production, Marriage Markets and Male Domination." Working Paper 2020/3/31.

Shoshana Grossbard and Victoria Vernon, "Do immigrants pay a price when marrying natives? Lessons from the US time use survey," *IZA Journal of Development and Migration* 11, January 2020: 16.

A.H. Beller and S. Grossbard, "Household economics and women in economics: Lessons from Columbia and Chicago." Paper presented at the SEHO Meetings. Lisbon, revised October 2019.

C. Bansak, S. Grossbard and C.H.P. Wong, "Mothers' Caregiving During COVID: The Impact of Divorce Laws and Homeownership on Women's Labor Force Status." IZA Discussion Paper No. 14408. *Economics & Human Biology* 47, 2021: 101170.

S. Grossbard and Lorena Hakak, "A Model of Demand for Health and Caregiving Incorporating Marriage Markets," 2023/5/1, *AEA Papers and Proceedings,* Volume 113, 2023, p. 623–26. Also see S.A. Grossbard, "Adding Grossbard to Grossman: A Model of Demand for Health with Household Production and Marriage Markets." ISFE at University of Kentucky Working Paper 48.

S. Grossbard, "How Economists think about marriage: household division of labor and marriage markets," in S Grossbard and C. Phelps, *Women's neoclassical models of marriage, 1972–2015. Routledge Handbook of the History of Women's Economic Thought,* 442–54.

S. Grossbard, "Modeling intimate partner violence with home production, marriage markets and male domination." Working Paper.

S. Grossbard, "A consumption theory with competitive markets for work-in-household," in *The Marriage Motive: A Price Theory of Marriage: How Marriage Markets Affects Employment, Consumption, and Savings,* New York: Springer, 2015.

Andrea H. Beller, A. Fava, S. Grossbard and M. Idmansour, "Women, Economics, and Household Economics: The Relevance of Workshops founded by Nobel Laureate Gary Becker, and of Jacob Mincer," *Journal of Family and Economic Issues* 45 (3), 2024: 485–503.

S. Grossbard, "Abortions and extra male births," *Review of Economics of the Household* 22 (4), 2024: 1515–16.

*Este libro se terminó de imprimir
en los talleres del Servicio de Publicaciones
de la Universidad de Zaragoza
el 30 de mayo de 2025*